企業社会の構図

安藤喜久雄　編著

学文社

はしがき

　現在，企業社会が大いに揺らいでいる。企業活動のグローバル化の進展に伴い，企業競争が一段と激しくなってきた。その結果，従来までの企業行動の変革を余儀なくされ，経営戦略，組織や制度を見直し，改革せざるをえない情況におかれている。このような情況変化は従業員の意識や行動にも大きく影響し，従業員自身も職場や企業との関係を変えていかざるをえない。企業社会の変容を軸に，本書では社会，企業，従業員が当面している主要な課題を取り上げている。

　本書は，社会，企業（経営体と労働組合）と従業員の三者の態様および三者の関係を社会学的視点より分析することを狙いとしている。これらの諸問題については現状分析による理解，認識が欠かせないため，その点に意を注ぎ，その理論的説明に努めたつもりである。しかし，各章分担の執筆者によって理論的分析に力点がおかれ，実態分析が不十分であったり，逆に，実態分析に力点がおかれて理論的説明が不十分であったり，バラツキがあることはいなめない。その点は容赦願いたい。

　本書は，産業・経済（企業）・仕事の社会学を学ぶ人びとのために編纂されたものである。読者のために実態と理論という二つのものを本書に盛込む編者の意図を察していただきたい。

　ご多忙にもかかわらず各執筆者の方々が鋭意努力され，ご協力下さったことに深甚の謝意を表したい。刊行が遅れ学文社の方がたにご迷惑をかけたことを申し訳なく思っている。

2000 年 4 月

編著　安藤喜久雄

目　次

第1章　企業変容と勤労者生活 ———————————————— 1

1－1　企業再生への模索　1

企業競争の激化と経営体質の強化／雇用不安と成果，業績に基づく能力主義の進展／自己責任の強化

1－2　会社，家庭，余暇　6

会社離れ──会社人間からの脱皮／私生活重視──私化への傾斜──／家庭回帰，余暇・ボランティア活動の重視

1－3　仕事意識　10

労働から仕事へ／仕事意識／仕事のやりがい，働きがい

1－4　転　職　15

終身雇用の動揺／適職探しと転職／リストラと雇用不安

第2章　企業と経営組織 ———————————————————— 22

序　22

2－1　組織の基本要件　23

組織とは何か／個人目標と組織目標の達成をどう図るか／組織メンバーの誘因，動機づけ効果

2－2　組織の仕組みと設計原則　27

組織の仕組み／組織の設計原則

2－3　組織のマネジメント原則　31

組織の理論モデル／官僚制組織の特徴／官僚制組織の逆機能／ホーソン実験と人間関係論／行動科学的意思決定論／コンティンジェンシー・セオリー（環境適応理論）

2－4　企業成長と企業間結合　43

　　　　　　企業間結合としての企業のグループ化／六大企業集団と系列化

第3章　職場集団と人間関係————————————————————48

　3 — 1　職場集団の特質　48

　　　　　職場集団の構造／職場生活を規定する集団内メカニズム

　3 — 2　職場集団と仕事の動機づけ効果　55

　　　　　仕事への動機づけと欲求充足／仕事の内的規定要因

　3 — 3　職場集団の人間行動と人間関係　63

　　　　　職場集団の人間行動／職場集団のリーダーシップ

第4章　日本的経営と組織風土————————————————————71

　4 — 1　日本的経営風土とは何か　71

　　　　　欧米からみた日本的経営／逆転した評価／日本的経営批判／日米企業の
　　　　　経営風土の比較

　4 — 2　日本的経営の起源と形成要因　77

　　　　　日本的経営論の二つのアプローチ／文化論的アプローチ／機能主義的ア
　　　　　プローチ

　4 — 3　日本的経営のゆくえ　88

　　　　　日本的経営礼賛論の崩壊／終身雇用制の神話／年功制と日本型競争シス
　　　　　テム／現場主義と企業内熟練／日本企業の閉鎖性

第5章　日本的雇用慣行の転換————————————————————95

　5 — 1　年功賃金制から成果・業績給へ　95

　　　　　転換期を迎えた雇用制度／年功給賃金体系とその意味／職務給／職能給
　　　　　と職能資格制度／成果・業績給と目標管理制度／賃金体系の変容の背景

　5 — 2　日本企業が抱える問題——女性労働問題と単身赴任問題　108

　　　　　日本の雇用慣行と女性労働問題／単身赴任問題

　5 — 3　労働時間短縮と就業形態の多様性への対応　114

　　　　　年間総労働時間／新しい労働時間制の導入／日本的雇用慣行と労働時間

第6章　労使関係の地平————————————————————119

　6 — 1　労使関係と労働組合　119

　　　　労使関係の基本図式／職業別組合と産業別組合

　6 — 2　労使交渉の方式と経営参加　123

　　　　団体交渉／労使協議制／経営参加

　6 — 3　日本における労使構造の特質　129

　　　　企業別労働組合／労使協議制の日本的特徴／労働組合をめぐる今日的課題

　6 — 4　労使関係のダイナミズム　136

　　　　社会制度としての労使関係／福祉国家の要請と修正ネオ・コーポラティズム／動揺する労使関係の存立基盤

第7章　職業労働の新波動 ──────────────────── 144

　7 — 1　情報化・サービス経済化と就業構造の変化　144

　　　　知識社会の到来／デジタル・エコノミー／サービス経済化と就業形態・雇用形態の変化

　7 — 2　労働市場の階層分化　153

　　　　終身雇用の希少性／コンティンジェント・ワーカー

　7 — 3　女性労働の特質と職業生活のコース　159

　　　　縁辺労働の止揚／介護による離・転職の派生／労働市場における中高年女性／ワーキングスタイルの多様化

　7 — 4　企業組織における職業的自律とその意義　164

　　　　職業の意味／会社規範への動揺／「仕事意識」の契機と課題

第8章　企業と社会 ─────────────────────── 170

　8 — 1　企業と社会　170

　　　　産業社会から脱工業社会へ／知識社会と情報技術／資本主義の諸相と日本の企業社会

　8 — 2　企業の社会的責任　176

　　　　企業公害防止から環境保全へ／企業の社会的貢献／コーポレート・ガバナンスと企業倫理

　8 — 3　企業と地域社会　183

産業政策と地域開発／企業城下町と地場産業／都市の再開発と商業

参考文献 ——————————————————————191
索引 ————————————————————————193

企業社会の構図

第1章　企業変容と勤労者生活

1−1　企業再生への模索

(1) 企業競争の激化と経営体質の強化

　バブル経済崩壊後，日本の企業は再生に向けて模索を続け，現在もなお苦闘している。バブル経済崩壊後，政府は企業を活性化して経済成長を促すため種々の規制緩和を実施してきた。規制緩和は一方では新規参入を容易にして企業活動を活発化させるが，他方では外資を含めて企業間競争を激化させる。バブル崩壊に伴い企業は，負の遺産をどう始末するか苦闘しているが，規制緩和に伴って競争で生き残るため経営体質を強化していかなければならない情況におかれている。

　バブル崩壊後，負の遺産はヒト，モノ，カネのすべての面に及び，それらが相互に密接に関連している。バブル経済下での土地，設備への過剰投資はよく指摘されていることであるが，経営多角化によって不採算部門を抱える企業が多く，事業の選択と集中を迫られている。どの事業を残して伸ばしていくかという経営戦略が問われている。現在，企業は過剰債務，過剰設備，過剰人員に悩んでいる。この三つの過剰の中，過剰人員の削減は最後の手だてとして残されているため，今後とも人員削減が多くの企業で行われるのではなかろうか。

　元来，リストラ（リストラクチャリング—restructuring）は事業の再構築を意味し，事業の選択と集中，それに伴う事業の撤退，売却，買収，人員の削減などを含む概念である。人員削減はリストラの一環であるが，世間ではリストラがイコール人員削減と受けとられることが多い。

　リストラに拍車をかけている要因に連結決算の導入を間近かに控えている

(2000年度)事情もある。これまでのように,親会社の赤字を子会社に転嫁することができなくなるため,企業グループにおける企業間の関係が変化し,相互に独立した企業として収益を上げていかなければならなくなる。このことは親会社から子会社への出向など企業グループの人事管理にも影響を与える。

事業の再構築を進めるに当って経営体質の強化は避けて通れない。経営体質を強化して筋肉質にするため,正社員の絞り込みと非正規社員の増加が進んでいる。そして正社員に対しては競争原理を強化し,成果,業績に基づく能力主義化を促している。年俸制の導入が多くの企業でみられるのはそのあらわれである。能力主義化は企業の業績を向上させる上で重要な方策となっている。

経営戦略が企業の命運を握るようになったが,どのような経営戦略を採るかを決める意思決定は,トップの最重要業務である。このことから近年,取締役会の改革が進み,取締役数を削減する企業が多くみられるようになった。トップの意思決定機関として取締役会を本来的に機能させようとするあらわれである。このようなことから,経営責任と執行責任とを分離し,取締役の人数を少数に絞り込み,取締役を外れた人びとは執行役員となって経営に当るようにさせる。このようなトップマネジメント組織の改革は,まだ緒についたばかりであるが,企業が変容する大きな契機となる。

(2) 雇用不安と成果,業績に基づく能力主義の進展

多くの企業でリストラによる雇用不安が広まっている。雇用不安は,退職勧奨や希望退職の募集などによって現実化する。これまでは,いくつかのステップを経て退職勧奨や希望退職の募集が行われてきた。現在のリストラという名の人員削減手段は,もともと伝家の宝刀であって最後の手段として行われてきたが,近年余裕がなくなって安易にリストラが行われるようになってきた。

退職勧奨は特定個人に対して行われるものであるが,その方法,手段が陰湿化している場合も少なくない。退職勧奨の対象者に対して,本人の意に反する部門,職務に配転して意欲をそぎ,やる気を喪失させ,成果のあがらない点を

指摘して退職を勧奨するなどがよい例である。また，希望退職者の募集において退職割増金をつけることは通例であるが，かつてのように会社が再就職を斡旋することは難しくなって，人材斡旋会社に依頼する企業が多くなった。

企業は組織をスリム化するため，一方で正社員を削減するとともに，他方で正社員を非社員に代替したり，業務のアウトソーシング化を進めている。

社員の非社員への代替は，退職者をできるだけ補充せず，必要なときは派遣社員，パートや契約社員に代えて補充するやり方である。とくに女子社員についてはこの方法を採ることが多い。

アウトソーシングの方法としては，特定部門の業務を専門の会社に委託したり，特定の業務を外部の機関に請負わせたりするものである。このようにしてできるだけ組織を身軽にする。

このように業務の合理化を図りながら，併わせて人員の削減をも進めていることから，社員は明日は我が身という気持を抱き，雇用不安を募らせることになる。これまでのように一度正社員として採用されるならば，定年まで長期にわたって雇用が安定的に保証される度合いが低下してきたといってよい。

社員の非社員への代替は，雇用形態の多様化を促す。働く人びとにとっても就労形態が多様化し，自己のライフスタイルの変化に合わせて働き方を選択できる利点があった。しかし，賃金などの労働条件や仕事内容に関し，正社員と比較して総体的に不利な点が多い。

派遣社員についていえば，従来，既卒女子の経験者が大半を占めていたが，1999年12月から改正派遣法が施行され原則自由化される。そして企業の正社員抑制による派遣社員へのニーズが強くなったことなどから，派遣会社では男女を問わず新規学卒者を教育して企業へ派遣する体制を整えつつある。

これまで日本の人事管理は年功主義であって能力主義の対極にあるかのようにいわれてきた。ただ，年功的人事管理は定年まで皆が同じように昇給，昇進するというものではない。長期雇用を前提にし，長い年月をかけて昇給，昇進していく過程で徐々に格差をつけるシステムである。ほとんど差がつかないと

いうのではなく，長期間の間に差をつけていくわけである。それが現実にそぐわなくなってきたのである。

現在，唱えられている成果・業績に基づく能力主義は，昇給，昇進をできるだけ早い時期（若い時）から有意差をつけ，同一年齢間の格差拡大を図ることを狙いとしている。これまでも管理職以上の役職者に適用されていたが，現在，管理職への選抜以前のどの段階からどのような基準で格差をつけるかが問題となっている。

日本の企業は管理職中心の単線型の人事管理であったが，ホワイトカラーの増大に伴うポスト不足から専門職制度を導入し，複線型の人事制度の確立を図ろうとしてきた。しかし，専門職制度が十分定着したとはいいがたい。

(3) 自己責任の強化

終身雇用という名の雇用保証や年功制による昇給，昇進の保証が崩れ，企業による丸抱えや生活保証が約束されなくなった。このことは従業員が自分の責任で自らの生活を守り，自分の力で地位（役職）を獲得することを意味する。自己責任原則が適用されるようになってきた。

従来，日本では自己責任としての個人責任よりは集団責任が支配的であった。集団責任とは，職場，工場，会社などさまざまなレヴェルにおいて当該の集団，組織の行為について成員全体が責任を負うことをいう。しかし，このような集団責任の負い方は，往々にして無責任体制に陥りやすい。自己責任は従業員個人に限らず，集団・組織としての企業や官公庁自身にもあてはまる。問題が生じたとき，関係する組織の間でどこがどのような責任を負うかが自己責任にかかわる問題である。

たとえば，住専や不動産会社が破綻したとき，母体行と住専・不動産会社との間で責任のなすり合いがみられた。しかし，母体行の銀行は大蔵省の管理下におかれていたから，大蔵省にも責任があるという。この結果，責任の所在が曖昧になり，どこも責任を負うことをしない，という事態を招いた。

企業で問題が起こったとき，関係者の間で責任転嫁がなされ，責任の所在が不明確になることも珍しくない。ここでも無責任体制を露呈することになる。一般に，組織ぐるみの事件と呼ばれるものは，複数の関係者が関与しているため，責任の所在を明らかにするのに苦労する。

　このように特定個人の責任を明らかにすることがむずかしいのは，集団責任体制を敷いているためである。複数の関係者が集団で責任を負う形にして個々人の責任を回避しようとするため，問題が発生したとき抜本的解決を先送りして誰も責任を負おうとしなくなる。疑義が生じても，トップがそれに眼をつぶれば，下の者は強く反対し続けることはむずかしい。強く反対すれば内輪の人間から締め出され，遠ざけられる。このことは昇進ルートから外され，飛ばされることにもなる。

　以前，複数の人間が関与していた汚職事件で下位者が逮捕されたり，自殺したりしたケースが度々みられた。トカゲの尻尾切りとか，組織におけるスケープゴートと呼ばれたりした。集団責任体制下で組織の末端に自己犠牲を強いる構図をよくあらわしている。この構図は下位者が上位者に忠誠を示す証として犠牲になるが，反対給付としてその後，特別に引き立ててもらうことを期待している。

　近年，組織ぐるみの事件にあって，このような下位者が犠牲になるようなケースはあまりみられなくなった。しかし，組織内に内集団としての仲間を形成し，組織影響力を保有するケースはよくみられる。この仲間に加わることで出世コースに乗ることができるのである。

　しかし，これは何もそのような人びとだけにあてはまるものではなく，企業内の各層，各部門にもみられる現象である。集団執務体制下では集団責任のもとに業務が行われている。しかし，部門の長としての責任感の強弱によって集団責任のあり方が異なってくる。部門の長の責任意識が強いとき，部下たちは部門の長を支持して自らも責任分担を意識して事に当るようになる。逆に，部門の長の権限意識が強く，部下に責任を押しつけるようなことをすれば，部下

は部門の長を支持せず，責任を回避するようになる。

　現在，組織成員の仕事範囲を明確にして，個人の責任の所在を明らかにしようとする施策がとられている。目標管理の制度化が普及，定着しつつあるのはこのあらわれである。個人責任が明確になったにしても，組織における責任問題がすべて解消するわけでない。

1-2　会社，家庭，余暇

(1)　会社離れ——会社人間からの脱皮

　「会社人間」に対する風当りが強い。会社人間に対する批判から会社離れの必要性を指摘する声が強まっている。ここで会社離れというのは，会社にべったりしないで，会社との間に距離をおくことを指している。そうはいっても，会社人間や会社離れといういい方に情緒的なニュアンスが多分に含まれているため，人によって意味内容が異なっている点に注意する必要がある。

　「会社人間」という言葉は，個人の生活世界の中で会社生活を中心に生活を営んでいる人びとを対象に描いた人間類型の概念である。類型として「家庭人間」「余暇人間」などがいわれる。会社生活を中心に生活を営む人びとは，1日の中で会社や仕事に費す時間が長いというだけでない。会社生活で培われた行動様式や内面化された価値意識が個人の生活や行動を強く規定している点に特徴づけられている。

　会社人間は高度成長期に醸成された。この時期，企業成長の過程にあって従業員ががむしゃらに働いて猛烈人間を多く輩出した。この人びとは会社への一体感を強め，家庭・余暇生活を犠牲にして会社の成長，発展のため献身的に尽くした。しかし，反対給付として大幅賃上げや役職ポストを獲得した。彼らにとってそのような報酬の獲得が私生活の基盤を確立する上で必要な条件であった。

　石油危機以降，大幅賃上げは望めなくなり，役職昇進にも陰りが生じるよう

になった。そしてバブル崩壊後は，会社のために精一杯努力しても，賃上げや役職昇進において見返りが期待できないばかりか，雇用不安にさいなまれるようになった。このような状態になれば，必然的に会社との間に距離をおくようになるだろう。

会社との間に距離をおくということは，会社での仕事を適当にこなしたり，おろそかにすることを意味しない。会社での仕事に精を出すにしても，会社の論理や倫理に非同調を装ったり，同調するにしても過剰同調しないという態度をとる。必要最少限の人数で仕事をこなさなければならないので，仕事がきつくなるため無理をしなくなるのは当然の成り行きである。このような情況の中で成果を挙げようとすれば，会社の論理やそれをふまえた上役の意向と緊張，対立を引き起すことはままありうる。同調と非同調の狭間でゆれることになる。

「会社人間」から脱皮することや「非会社人間」となるためには，自己の主体性を矜持して会社（論理）と対峙しなければならない。自ら主体的に責任もって仕事をしようとすれば，会社や上役と対立することはありうる。雇用不安が強まれば強まるほど，会社の論理と対峙することは勇気がいる。それよりは会社の論理に従って仕事をしている方が無難であるということになる。

仕事にやりがいを強くもとうとするならば，大なり小なり会社の論理と対立，緊張を引き起こすことになる。それを避けようとすれば，家庭や余暇活動において自己実現を図ることになる。往々にして家庭や余暇生活において自己実現の場を見出そうとする人びとがいる。このような人びとの中に会社で仕事のやりがいをもてなかったり，自己実現を果たせない人びとがいる。

(2) 私生活重視——私化への傾斜——

私生活重視というと，会社での仕事をほどほどにして，家庭や余暇などの私生活を大事にすることや，家庭・余暇活動に生きがいを見い出すというイメージをもちやすい。私生活重視は私化（privatization）のあらわれである。私化

は自己中心主義に通じるが，私的な生活世界の中に浸ることを指している。

私生活重視の考え方は，人間にとって基本的な欲求が充足されることによって生まれてくる。第二次世界大戦後，物質的な欲求が強くあらわれたが，欲求充足を果たすようになったのは高度経済成長以降である。高度経済成長期は企業成長を促す上で仕事を優先せざるをえなかった。このため私生活の基盤づくりとしてマイホーム，家電製品や自動車などを購入するための資金づくりにエネルギーが注がれた。

所得の増加による生活水準の上昇は，物質的な欲求充足が果たされるにしたがって，種々の欲求が肥大化し，私化を強めていった。一家に1台所有していたテレビ，ステレオ，ラジオなどが一人1台となり，部屋や自動車から携帯電話やパソコンに至るまで個人の所有物を独占的に利用できるようになった。この結果，個人的な生活世界を形成，強化することになる。これは何も一人世界や身近な親しい仲間や友人などで形成される世界だけを指しているのではない。インターネットの普及などにより，空間的な広がりの中で個人的関係をもつことをも内包している。

私生活や私化の「私」とは「公」に対置される概念である。公とは何か。古くから日本では公はお上（オカミ）であった。お上のふれは絶対的なものでこれに従った。万一，従わないときは処罰される。第二次大戦後も官公庁が公であることに変わりはなかった。公の前では企業も私であった。

しかし，高度成長以降，会社の地位が向上し，人びとにとって大きな位置を占めるようになって，個人にとって会社も公となった。会社が私生活に優先するのは，会社が公的な存在としての価値をもつようになってきたからである。会社のためにという大義名分がすべてに優先する証しである。会社のために一生懸命働いて私生活を犠牲にすることに罪悪感をもつ人が少なかったのはこのような理由による。

汚職や粉飾決算などが頻繁に明らかになるにつれて，会社のためという大義名分が色褪せて公が問われるようになってきた。公が官公庁でも会社でもない

ことが認識されるようになってきた。公は「公共」を意味することから,「公共性」とは何かが問われるようになった。会社や会社に働く人びとも公共性に貢献することを求められるようになってきた。公共観念は人びとが「志」や「社会的使命感」を抱くとともに,それを育むことによって開花するものである。それは職業活動においてもあてはまることを指摘しておきたい。

(3) 家庭回帰,余暇・ボランティア活動の重視

　高度経済成長期に入って所得の向上とともに労働時間の短縮に伴って週休2日制が導入され始めた。さらに完全週休2日制が導入され,普及するようになって余暇活動への関心が強まっていった。年末年始,ゴールデンウィーク,夏休みの連休の普及や年次有給休暇の取得率の向上などにより,余暇活動への関心が一段と強まった。

　他方,余暇活動やレジャーへの関心が強まるにつれて,レジャーが産業として台頭してきた。ディズニーランドやオランダ村などのテーマパークが代表的なレジャー施設である。テーマパークは家族づれだけでなく,若者や成人たちをはじめ多くの人びとを引きつける場となっていった。

　家族や友だちと連れだって外出する機会が増えるにつれて外食することが多くなる。ファーストフードやファミリーレストランに代表される外食産業が発展した。外食産業も発展するにつれて多種多様な業態を内包するようになった。

　レジャー施設にしろ外食産業にしろ家族で利用することが多いことから,家族で行動を共にする上で恰好の場所となった。日本では家族団らんといっても,家庭の中で家族全員が共に語ったり,家庭料理で共に食事をしたり,遊びに興じたりすることが少ない。それゆえ,外出して外で語ったり,外食したり,遊びに興じることになる。

　企業社会中心の生活から脱皮するするにつれて,職業生活と家庭・余暇生活との調和を考えるようになるのは自然の流れであり,本来の姿に戻る過程でも

ある。家庭生活が地域社会とともに成り立っていることから，家庭生活のあり方を問うことは地域生活のあり方を問うことにもなる。

会社生活が生活の中心となっていた時代は，地域活動は衰退の一途をたどった。地域生活の空洞化は地域の相互扶助活動を停滞させた。とくに，社宅や官舎の拡充は地域社会を企業コミュニティの一環として閉鎖的なムラ社会を形成し，地域住民と断絶した社会となった。このような風潮が強まるにつれて，ムラ社会の内外から批判が生まれるようになった。

私化の深化は個人を孤立化し，孤独感を強めるようになった。このような状態になると，社会的連帯をもちたいという願望を抱くようになる。企業にあっても社会的責任を果たすことへの社会からの期待を強く感じるようになると，社会的弱者に対する援助活動としてボランティア活動への関心を強めるようになる。

ボランティア活動についていえば，企業としての活動が先行した。企業でのボランティア活動が行われ，従業員がそれに参加することにより多くの刺激を与えられる。その結果，個人としてもボランティア活動を行う人が増えるようになる。企業，個人両面からボランティア活動が展開されるようになってきたが，それもまた緒についたばかりである。

1－3　仕事意識

(1)　労働から仕事へ

近年，「労働」(labor) という言葉が忌避され，労働に代えて「仕事」(work) という言葉が使われることが多くなった。労働組合でも「○○ユニオン」という名称に代えているところもあらわれた。

本来，労働は生きるために必要な活動を意味し，労苦や苦痛を伴うものであった。古代から近代に至るまで多くの人びとにとって，労働は人間が生きていくための基本的な営為であった。この場合，肉体労働が典型的な労働であっ

た。資本主義社会における労働の意義を明らかにしたのはマルクス（K. Marx）である。

　仕事は肉体や頭脳を使って何らかを創造する活動の側面をいう。このような意味から，仕事を作業という言葉に置きかえて呼ぶこともある。労働から仕事へと関心が移ってきている。創造的営為に力点がおかれ，それがやりがいの源泉となることから，仕事という言葉が多く使われるようになる。そうはいっても実際には，労働と仕事とが分かちがたく結びついているが，労働より仕事の側面に強い関心が寄せられているのが現代の特徴である。

　産業革命以来，製造現場において機械，設備の機械化や自動化が進み，労働の肉体的負荷が軽減されてきた。さらに，ME化によって肉体的負荷は一層軽減していったが，監視労働にみられるように精神的負荷が増大していった。ME化とはME（microelectronics—マイクロエレクトロニクス）機器を利用した新しい機械・設備による生産技術，事務作業を指す。ME機器とはLSI（大規模集積回路）等半導体による高機能で小型化したコンピュータを機器に取り込んだものである。

　製造業にあって作業遂行上，肉体的負荷が軽減されてきた職場が多くなっているにもかかわらず，世間では製造現場の作業を旧態依然とした汗にまみれた肉体労働にイメージが強い。かつて3K労働（キツイ，汚い，危険）が嫌われたことがあるが，その中に製造現場の仕事が多く含まれていた。

　サービス経済化の進展は，第三次産業とりわけサービス業の発達を促し，サービス業従事者を増加させた。サービス業従事者は製造業にみられるような物的財の生産労働ではなく，非物的財を生みだす労働に従事する。非物的財と呼ぶものの，内容は一様ではない。

　たとえば，プログラマーやシステムエンジニア（SE）などはソフトやシステムを開発，製作することを目的とする。ファッションデザイナーは，衣装をデザインすることが目的である。これらも広い意味でモノを扱っている。ただ，ここでモノを扱うといっても，自ら素材をつくったり，機械で加工したり

するわけではなく，自ら創意工夫を凝らして制作することが目的である。また，ホテルのようなサービス業は，サービスを通して観客満足を図る典型的なビジネスである。対人関係という人間活動のもっとも基本的な要素が，ビジネスの中核業務となっている。

これらサービス業にあっては，労働というよりは仕事と呼ぶに相応したものが多い。製造業を中心とした第二次産業より第三次産業従事者の方が多数派を占めるようになって，ますます仕事という観念が強くなってきた。ただ，指摘しておきたいのは，サービス業や第三次産業に従事している人びとの多くが，創造的活動を営んでいたり，やりがいをもっているということではない。これらのことは，どの産業を問わず仕事内容に即して考える必要がある。

高度成長以降，高学歴化が進み，大学，短大，専門学校への進学者が同一年齢の過半数を超えるようになった。高学歴者の増加は仕事を通じて創造的営為への志向性を強くもつようになる。このような志向性が「仕事」の中身をこだわるようにさせるのである。

(2) 仕事意識

従業員の会社離れが進み，脱会社人間が増えるに従って，会社への一体感や帰属意識が低下する。このような現象は会社生活や仕事に対する満足度の低下と密接に関連している。ここでは，満足度を含め広義な意味での仕事意識について，近年の日本ではどのような特徴をもっているかをみることにする。

年齢別にみると，中高年齢者と若年者とを比較すれば，中高年者より若年者の方が仕事意識が低い。若年者の仕事意識は国際的にみても日本で際立って低いが，日本の若年者の仕事意識はどうして低く，中高年齢者になると高くなるのだろうか。

端的にいえば，日本では若年者に対して十分に権限や能力発揮の機会が与えられず，中高年齢者に比較して賃金水準も低いことに起因しているといわれる。逆に，中高年齢者になると多くの人びとが役職に昇進して権限や能力発揮

の機会が与えられ，賃金も高くなるために概して仕事意識が高くなる。中高年齢者になって保有能力や成果以上の賃金を獲得するようになるからである。中高年齢者は若い時に保有能力や成果以下の賃金しかもらっていないから，今までの不足分を中高年になってから補うことによって収支バランスがとれることになる。

これまで終身雇用が可能であったがために，このような仕事意識をもたらしたといってよい。安定的な企業成長が見込めるならば，終身雇用も年功賃金も存続可能である。しかし，両者ともに制度維持が困難な情況におかれている。

中高年齢者に対する雇用が不安定になり，賃金水準の低下がみられるならば，彼らの仕事意識の高さは保証の限りではない。彼らの仕事意識の高さが企業の求心力の源泉であった。中高年齢者の仕事意識とともに若年者のそれも一定の高さをもつような制度改革が緊急の課題となっている。

女子従業員についてはどうであろうか。男女雇用機会均等法（雇均法）施行以来，女子を男子並みの仕事に従事させたり，処遇する企業もみられるようになった。しかし，出産，育児，子育てにおいて女子はハンディを負うことから，仕事と家庭の両立を図りながら仕事を継続させる上で障害が多い。この点は先進国共通の問題であるが，とりわけ日本では性別役割分業が根強く残っていることが大きく影響している。女子の仕事意識に即していえば，中核要員として十分活用されているとはいい難いため，仕事内容や昇給，昇進等で不満を抱く人びとが多い。

子育てをしながら仕事を続ける女性が増加しているが，他方では結婚や出産を契機に退職して専業主婦に専念する女性も少なくない。この人びとは子どもに手がかからなくなれば多少とも気のきいた仕事に再就職したいと思っていても，単純なパート労働に従事せざるをえない人が多い。

(3) 仕事のやりがい，働きがい

仕事のやりがいや働きがいに対する志向性が強まっている。とくに，若年者

にあってはやりがいや働きがいへの志向性が強い。仕事の達成感や満足度が低いことが，潜在的なやりがいや働きがいへの願望が表出するためと思われる。仕事の達成感や満足度が低いのは，また，能力発揮への機会や権限などが十分与えられていないためである。

しかし，やりがいや働きがいをもつためには，仕事能力の習得が欠かせない。仕事能力が身についていなければ，納得のいく仕事ができないし，達成感を味わうこともできない。仕事能力は仕事を通して技能を習得し，仕事に熟達するための基本的条件である。また，最新の知識や情報を獲得することによって専門的能力を深め，技能の活性化をもたらす。

仕事のやりがいや働きがいが問題になるのは，仕事能力の向上がみられたり，能力を発揮して成果，業績を上げたにもかかわらず，ただちに賃金や処遇面で十分報われないためである。日本では長期にわたる評価の積み重ねが賃金，処遇に反映する仕組みになっている。短期間の成果，業績の結果は賞与に反映されるのが関の山である。

やりがいや働きがいは，やる気と呼ばれるものと関連するが，やる気はモラール（morale）の類似概念である。モラールが高ければやる気が旺盛になるが，上述のように日本では概して年齢が高くなるにしたがってモラールが高くなる。モラール（やる気）の問題を考えるとき，モラル（moral）の問題を併せ考える必要があるだろう。ここでモラル（moral）と呼ぶのは倫理（観）を指している。

やる気が旺盛なのはよいが，会社のためによかれと思ってやったことが，法にふれたりあるいは法にふれなくとも道義上好ましくない行動に走ることがある。法にふれなければ何をしても構わないという風潮が広まっている。やる気旺盛なやり手の人間は物欲や出世欲も強いから勇み足をする者もあらわれる。権限が大きければ大きいほど，やりがいをもつが，そこに大きな落し穴がある。それはモラルや倫理にかかわることであるが，現代ではモラルが大きな問題となっている。

図表1－1　あなたはこの会社でずっと働きたいと思いますか

(％)

調査年度	総数(人)	定年まで働きたい	とりあえずこの会社で働く	状況しだいでかわる	わからない
1979	7,298	23.2	19.8	37.1	20.7
1989	7,450	18.6	25.9	39.5	15.8
1999	3,561	15.4	23.1	48.4	12.9

出所）（財）社会経済生産性本部，（社）日本経済青年協議会『働くことの意識』1979年6月～1999年6月

1－4　転　職

(1)　終身雇用の動揺

　終身雇用が大きくゆらいでいる。入社早々から同一企業に定年まで勤務したいと考えている人は，年々少なくなっている。社会経済生産性本部の新入社員調査の結果をみると（図表1－1），20年前「定年まで働きたい」と回答している人は23.2％あったが，20年後の1999年には15.4％と，8％減少した。それに対して「状況しだいでかわる」と回答した人が48.4％でこの20年間で10％強増加したことを示している。

　「状況しだいでかわる」若者が増えているということは，潜在的顕在的な転職志向者が増加していることを示している。転職への抵抗感やためらいが一段と弱くなってきたあらわれである。そうはいっても他方で当該企業に長くとどまっていたい人が少数派ながらいることを留意する必要がある。

　終身雇用志向の強かった時代は，余程の事情が生じない限り，多少不満があっても我慢して定年まで勤めることに価値があった。中途で辞めることは望ましくないこととされた。このようなことから，結果的に同一企業に定年まで勤務し続ける人が多かったのである。

　これまで終身雇用制の名のもとに雇用を維持することが企業の社会的責務であり，強い規範的拘束力をもっていた。従業員もそれに応えるべく長期雇用志

向を強く保持していた。終身雇用制が雇用保証と同一に考えられ，広まっていった。

バブル崩壊後，雇用過剰感が顕在化し，雇用維持が足かせとなってきた。希望退職の募集によって人員を削減し，企業競争力を高めようとするようになった。

リストラによる人員削減が多くの企業に広まれば，終身雇用制の規範的拘束力は弱まり，終身雇用制はタテマエとしての理念にとどまり，従業員の長期雇用志向は弱まる。終身雇用制が理念にとどまればとどまるほど，終身雇用は形骸化していく。そして雇用不安が強まれば，従業員は保身的傾向を強め，万一に備えて装備することに努めるようになる。

中高年になればなるほど，高度の能力を保有していなければ，他社に転職する上で条件が不利になる。有利な条件で転職できなければ，少々我慢しても現在勤務している企業にとどまろうとする。高度の専門能力や実績をもつ人びとの中には，他社より有利な条件で誘いを受ければこれに応じる人もあらわれる。人材流動化の時代は，企業にとって必要な人材が流出することになる。

人材の流動化が進むとキャリアの形成に種々のパターンが生まれる。終身雇用制のもとでは特定の企業でキャリアの形成を図ることが中心であったが，人材流動化が進むと複数の企業でキャリア形成を図ることが珍しくなくなる。この場合，若年層の時代に転職しながらキャリアアップを図る人もいれば，中高齢者になってから他社に転職し，管理者，経営者となってキャリアアップする人もいる。

専門能力を身につけ高めていかなければ有利に他社に転職できないことはいうまでもない。キャリアアップをどこでどのように磨くかが問われるようになってきた。同一企業に長くとどまるにしろ，そうでないにしろ，企業に身を委せるのではなく，自己責任のもとにキャリアアップを図っていかなければならないことだけは確かである。

(2) 適職探しと転職

「三日，三月，三年」という言葉がある。これは若年者が学校を卒業して入社し，会社に慣れない内に早期に退職することをいいあらわしている。

日本では依然として就職するとき，会社選びを優位な選択基準とする傾向が強い。このような就社意識は大企業や優良企業への就職によくあらわれている。就社を優先しながらも仕事内容にもこだわるのが現代の若年層の特徴である。この場合，仕事内容は業種と関連づけて考える。業種は自分の好みや関心のあるものに向けられる。会社側は適性ではなく自社に合った人間を選択することによるところも大きい。

会社選びを基準にして就職する時，職場に配置され仕事についてもその仕事に興味，関心がもてるか否か，また職場に適応できるか否かが，会社への定着性を規定する。学校卒業後，3年以内に転職する若者が過半数を超えている。彼らは就職してから適職について真剣に考える。

適職とは自分に適した職業を指す。この前提は，その職業が好きであることである。その職業が本当に好きでどうしてもやりたいのであれば，どのような廻り道をしてもその職業につこうとする。そして必要とされる知識，技能を身につけるよう努力するだろう。

仕事に関心があるといっても営業，販売，事務といった包括的な職種を漠然と描いて就職することが多い。このような意味の職種は職業よりは広い概念である。仕事を遂行する過程で自己イメージとのギャップが大きければ大きいほど，その仕事が適職であるかどうか自問自答することになる。この場合，仕事自体に興味，関心をもって打ち込めるかどうかということは，会社や職場の風土になじめるか否かにかかっている。

「好きこそ物の上手なれ」という諺があるが，必ずしも本人が選んだ仕事でなくとも，周囲がみて適職であるとみられることがよくある。その仕事で成果や業績を上げたときなどはそのようにみられやすい。会社では会社の論理に沿って本人の適性を評価するためである。それに対して，本人のみた適職はその

仕事が好きか否かを中心にみているから，会社がみる適性と本人の考える適職と異なることがある。

　適職はその仕事が好きで自分に合っていると思っていることであるが，会社や職場の風土に関連して居心地がよいかどうかも関係する。労働条件を含めた三者を満足させることができればもっとも望ましいが，そのような会社や仕事にめぐり合うことは滅多にない。仕事を経験する過程で自分にとって何が重要であるか条件が変わることもある。すなわち，環境の変化（結婚，子どもが生まれるなど）によって軌道修正することがよくみられる。自分のやりたい仕事では結婚生活が不安定になるのそれを棚上げして，できるだけ収入の多い仕事につくなどが好例である。

　転職とは勤務先の会社を変わることを指すが，会社は変わっても仕事が変わらないパターンと，会社も仕事も変わるパターンの二つある。それと今一つ，自発的転職と非自発的転職の2通りある。自発的転職とは自ら進んで転職することをいう。それに対して，非自発的転職とはリストラや倒産などによって会社の都合で転職を余儀なくされていることをいう。

　日本では，依然として若年者であればあるほど転職しやすい情況にある。とくに，20歳台の若者は仕事の経験が少なくても，受け入れてくれる会社が多い。中途採用を受け入れるのは，高度の専門職技術者を除いて35歳位までであろう。このような事情から，非自発的転職者は30歳前後までが大半を占める。

　転職者はどのようなルートで転職するのだろうか。一方に，ハローワーク・人材銀行や新聞・雑誌などを介して転職する方法がある。他方，親戚，知人，友人の紹介を通して転職する方法がある。前者をフォーマルなルート，方法，後者をインフォーマルなルート，方法と呼ぶが，後者は，社会的ネットワークを通じて転職するものである。

　ネットワークを介して転職するとき，これまでは親戚や親しい友人や知人を介して転職することが多かった。この種のネットワークは閉鎖的なものであ

る。しかし近年，情報を共有し合う仲間を介して転職する人が目につくようになった。この種のネットワークは，他社の人びととの緩やかで開放的な関係を形成しているのが特徴である（渡辺深『「転職」のすすめ』講談社現代新書　1999年）。

　これまでのように，所属企業だけに眼を向け，所属企業の人びとだけ濃密な関係をもつのではなく，自己啓発や能力開発を促すために異業種，異職種を問わず他社の人びとと交流する場をもったり，付き合う機会をもつ人が増えてきたためである。

　このような開放的なネットワークを介しての転職は，親戚，親しい知人，友人を介してのそれよりもしがらみがないため，お互いに割り切った気持で転職の話をもち込んでそれを受けたりすることができる。今後，従業員が所属企業にとらわれず，所属企業外の人びとともいろいろな形で付き合うようになれば，この種の転職が多くなるだろう。

(3)　リストラと雇用不安

　人員削減は今に始まったことではない。第二次世界大戦直後の昭和20年代の人員整理や石油ショック後の雇用調整など，おのおの事情が異なるが人員削減が行われてきた。バブル崩壊後のリストラを含めて従来の人員削減に共通しているのは，中高年齢者がターゲットとされることである。中高年齢者がターゲットとされるのはどのような理由によるだろうか。

　第二次世界大戦後，年功賃金化によって勤続年数が長く，年齢の高い中高年齢者ほど賃金が高い。このことから中高年齢者を削減する方が人件費の合理化効果が大きいためターゲットとなった。

　バブル崩壊までは政府の保護，規制に守られて右肩上がりの企業成長が可能であった。このような情況下では人件費が安い学卒者を年月をかけて育成し，戦力化する戦略は有効であった。それが規制緩和に伴って競争力優位に立つため，事業再構築としてのリストラは避けられない。その一環として，人件費を

低く抑えるため，何かにつけて中高年齢者が削減の対象となる。バブル崩壊後も依然としてこの考え方は変わっていない。

リストラによって雇用削減の対象になるのは中高年齢者である。希望退職者の募集という形で人員削減を行うのがもっとも一般的である。希望退職者を募るとき，45歳以上とか50歳以上とかいうように一定年齢以上の従業員を対象にし，退職金に割増をつけて刺激を与える。ホワイトカラーでは管理職にある人が多く含まれる。

希望退職者というからには本人が自発的に希望するか否かが優先するが，会社が何ら手を打たずに手をこまねいていては予定する人員は集まらない。該当者に対して種々のルートや方法を通じて退職勧奨が行われる。退職勧奨が執拗に行われれば行われるほど，当該の中高年齢者は邪魔者扱いされて会社にとどまることが気まずくなってくる。このような情況下で会社にとどまることはかなり勇気がいるだろう。

バブル経済期までは万一退職勧奨が行われても，会社が再就職先の斡旋をする企業が多かった。しかし，バブル崩壊後は再就職先を斡旋することが困難になった。企業が人材斡旋会社に登録するにとどまるようになった。

人材斡旋会社の役割は依頼先企業のニーズに合った人材を斡旋することであるから，必要な能力が不十分であれば，それを補うために教育してから斡旋することになる。中高年になってからの能力開発は想像する以上に本人にとって荷が重いものである。

中高年齢者が転職するときネックとなるのは年齢である。年齢の高い人は相対的に高い賃金を求めるため，それに見合った技術，技能，ノウハウを保有していればよいが，そうでなければミスマッチが生じることになる。事務系の管理職経験者にこのような人が多い。このことから社外に通用する能力が問われるようになり，その手段として資格取得への気運が高まっている。

他社に通用する能力というとき，資格保有は一つの目安にしかすぎない。日本では専門職を適切に評価してこなかったため，現在，ようやく職種別に社会

的に評価する気運が生まれつつある。

📖 参考文献 📖

　リストラの広がりによって日本的雇用慣行や日本的経営の動揺あるいは崩壊が指摘される。現下のリストラのもとでの能力主義を批判的に論じたものとして，
　　森永卓郎『リストラと能力主義』（講談社現代新書）講談社　2000年
日本的経営の特質を論じた著者は多いが，ここでは日本の社会学者が書いた以下の2冊をあげておく。
　　尾高邦雄『日本的経営――その神話と現実』（中公新書）中央公論社　1984年
　　間　宏『日本的経営』（日経新書）日本経済新聞社　1971年
日本的経営のもとで醸成された会社人間を論じたものとしては，
　　田尾雅夫『会社人間はどこへいく――逆風下の日本的経営のなかで』（中公新書）中央公論社　1998年
　　間　宏『経済大国を作り上げた思想』文眞堂　1996年

〈自己責任〉は広範囲の問題にまたがるが，その主要な問題点をまとめたものとして，
　　桜井哲夫『〈自己責任〉とは何か』（講談社現代新書）講談社　1998年
自己責任と対比される集団責任を会社に即して論じたものとして，
　　奥村　宏『会社本位主義は崩れるか』（岩波新書）1992年
「会社人間」批判は職業倫理や仕事倫理に関係するが，これについては，
　　杉村芳美『「良い仕事」の思想――新しい仕事倫理のために』（中公新書）中央公論社　1997年
なお，会社人間を批判的に捉えて創造的な仕事をするための方法を論じたものとして，
　　太田　肇『仕事人の時代』新潮社　1997年
　　森　清『仕事術』（岩波新書）岩波書店　1999年
転職については，
　　渡辺　深『「転職」のすすめ』（講談社現代新書）講談社　1999年

第2章　企業と経営組織

序

　製品やサービスなどの財を継続的にユーザーや顧客に供給する活動主体を企業と呼ぶ。ここでいう企業は私企業だけでなく公企業や非営利組織も含まれるが，資本主義社会では私企業の中でも株式会社がもっとも典型的な形態である。企業は財の継続的な供給活動を複数の人びとの協働システムのもとで展開する。集団における複数の人びととの協働システムを組織と呼ぶが，企業において成長，発展を促す上で組織のあり方が大きくものをいう。

　企業は主体的要素と客体的要素の二つの要素から成り，両者は一体化している。前者は活動主体として自らの意思と責任において行うマネジメント（management——経営管理）を指している。後者は企業を取り巻く内的および外的環境を指している。企業が成長を続けていくためには，絶えず状況変化に適応していく必要がある。

　内的環境とはヒト（人的資源），モノ，カネ（物的資源），技術，情報（知的資源）から成っている。この三つの資源の調達や有効活用を図って最大限のアウトプットを生みだすのがマネジメントである。経営活動や管理行動と呼ぶものがそうである。それに対して外的環境とは企業と利害関係をもつ株主，金融機関，労働組合，消費者や得意先，取引先，同業者，政府や自治体，地域住民や地域社会など広範囲の関係者や関係機関との関係を指す。

　企業は利害関係諸集団と絶えず調整を図りながら自社の優位性を保持することを求められる。優位性を保持できなければ企業として存続できなくなるからである。優位性を保持するために環境との最適な関係を構築していかなければならない。環境との最適な関係をどう構築するかはマネジメントのあり方に依

存している。マネジメントがいかに重要であるかがわかる。

　企業成長を促すマネジメントを考えるとき，それを規定するものは経営戦略である。経営戦略とは企業の進むべき方向性や経営活動の重点のおきどころなどを中長期的に展望して示したものである。企業の規模拡大に伴い組織も戦略と連動する。すなわち，組織管理は企業成長を促すカギを握っているから，企業組織をどう管理，運営していくかが重要なポイントとなる。

　グローバルレベルで企業競争が激しくなるに従って，勝者になるために企業の合併などが活発化している。このようなことから企業組織について考えるとき，個別企業の組織だけでなく，企業間の関係や結合の仕方についても考察を加える必要があろう。

　企業の組織的分析は社会学的問題であることから，以下，企業組織あるいは経営組織を中心に考察することにする。

2-1　組織の基本要件

(1)　組織とは何か

　組織（organization）は，人びとがある特定の目的を達成・実現するために人為的・意図的につくり出した具体的な社会生活の「場」としての機能的な人間の集合形態──アソシエーションの代表的なもので，近代社会への移行過程で，人間社会が析出してきた機能的な排出物（eduction）─であり，人間の集合的行為の主要形態ないし典型的な共同生活の展開パターンでもある。

　組織は，元来が一定環境内での個人の目的達成上の制約要件（constraints）を克服する手段として人為的・意図的に創出されたものであるから，目的達成上の個人対応の限界性の克服に本来的な存在意義をもっている。いいかえれば，組織には環境制約性の克服効果と一定環境内における個人の目標達成可能性の拡大効果が期待され，両者を同時に誘発可能な協働関係の体系（cooperative system）として基本的な性格づけがなされる。それゆえ，通常は個人自ら

がそのための組織を構築するか,もしくは既存の組織に参加するかの二者択一的な選択を行うことになる。このどちらのケースにおいても,組織が協働関係のシステムとして機能する以上は,必然的にそれ独自の協働(組織)目的とその共有,およびその達成・実現に向けての諸活動に一定の関与と貢献を求められ,その見返りとして自らの目的達成への可能性を何らかの形で保障されることになる。したがって,各メンバーは個人目的の達成(個人的充足)の側面と組織目的の達成(組織的充足)の側面との二面性を有する存在として,当該組織におけるメンバーシップを獲得することになる。一般に,この個人レベルにおける前者の側面を個人パーソナリティ,後者の側面を組織パーソナリティと呼び,組織レベルにおける前者の側面を組織充足性(organizational efficiency),後者の側面を組織有効性(organizational effectiveness)と呼んでいる。

したがって,この協働関係のシステムの課題は,それを構成するメンバーが組織パーソナリティとしてかかわり,組織の活動成果に対して一定の貢献をなす限りにおいてのみ基本的な存立を保障され,メンバーの貢献を有効活用して組織の協働目的の達成度(組織有効性)を最大化することと同時に,メンバーの貢献動機や意欲を満たし,個人の目的の達成度や個人の欲求,関心,期待の充足度を高め,組織への貢献度(成果配分・組織充足性)を最大化することが至上命題とされる。それゆえ,両者の最大化実現に向けての意思決定や活動展開上の具体的な構造―機能的な仕組みが問われることになる。

(2) 個人目標と組織目標の達成をどう図るか

こうした存立基盤を有する組織は,フロム(E. Fromm)が指摘するように「分業化された職業に志向する産業社会にとっては,どうしても不可欠な秩序づけの手段」であり,「社会が高度に分化し,複雑になればなるほど,持続的な協働関係を人びとの間に確保するために」必要とされる。今日,われわれ現代人の生活の大部分は,好むと好まざるとにかかわりなく,少なくとも何らか

の形で組織とのかかわりの中にある。

　また，組織は相互に働きかけ合う複数の人びとの集合体という側面と，それを構成する人びとの行動様式や活動展開という側面を同時にもつことから，一定の構造や機構，編成といった意味での人間集団としての状態的な側面と，そこで日常的に展開されている一連の活動といった意味での過程的な側面との二面性を有するものとして捉えられる。前者は組織のもつスタティックな状態的側面にウエイトを置いた捉え方であるのに対して，後者は，たとえばバーナードの指摘に代表されるような意識的調整や統括機能，メンバー間の協働活動とその源泉であるエネルギーの総体としての機能的な協働関係のシステムのダイナミックな過程的側面にウエイトを置いた捉え方がある。実際，組織が構造 (structures) と成員 (members)，活動 (activities) の三つを基本的な構成要素とすることから考えると，当然それぞれにウエイトを置いた捉え方が可能である。ともあれ，パーソンズが指摘するように組織の中核的部分はあくまでも「特定の限定された目標の達成に第一義的に指向するような目的合理的なシステム」という点にあり，明確な達成目標をもつ機能合理的システムとして自らの存立基盤を有する点は留意すべきであろう。

　その限りにおいて，組織の基本的な課題は，組織有効性の度合いと組織充足性の度合いを共に最大化可能な状態を創出することに求められる。前者の度合いは組織目的の達成度やその度合いに応じた組織環境との間の適合的均衡関係ないしは環境への適応度や適合性の度合いを，後者は組織メンバーの充足度やその度合いに応じた貢献意欲を決定することになる。組織充足性は，組織有効性の結果であると同時に，組織有効性自体のもっとも重要な規定要因（原因）でもあり，両者の相互依存的な連動関係が必然的に当該組織の正当性の基盤や組織環境との間のハイレベルな均衡状態を決めてくる。したがって，この両者間の「好」循環的な連鎖プロセスのマッチング・バランスを創出することが重要なポイントとなる。いい換えれば，メンバーの貢献の所産である組織パーソナリティ側面での組織成果の公正配分と個人パーソナリティ側面でのメンバー

の満足度や充足度とを共に最大化していくことが成功組織への重要な鍵となり，この両者間のマッチングが当該組織の維持＝存続の成否と成長＝発展可能性の創出契機を意図的に誘発する上で決定的に重要な基盤となる。通常，このマクロレベルで生ずる関係性を組織均衡と呼んでいる。

(3) 組織メンバーの誘因，動機づけ効果

組織メンバーのミクロな貢献意欲の誘発—維持メカニズムの基本は，誘因・動機づけ効果とリーダーシップの二つの代表的な規定要因に求められる。一般的に表現すれば，このレベルの貢献意欲は，一方で組織目的の組織内共有化の過程とそれへのかかわり方が，また他方で各メンバーが分担する具体的な活動内容（職務）や一定の制約要件（経営理念や基本方針，戦略等のより上位の目標や環境条件），遂行手段，チャンスやタイミングなどさまざまな戦術手続き等に関する情報の的確さ（質と量に規定）が重要な前提要件を構成してくる。したがって，的確な情報伝達を支える正確で迅速なコミュニケーションと各メンバーによる伝達情報の共有状況の創出が強く求められ，貢献意欲と情報伝達の相互関係，それらと誘因や具体的な報酬（成果配分），動機づけ効果ないしは個人欲求の充足度との関係等が主要な焦点とされる。正確で迅速な情報伝達と伝達情報のハイレベルな共有化は，協働関係で成立する活動のシステムにとってきわめて重要な潤滑油ともなる。たとえば，活動内容の周知徹底やそれに対する個人目的の最大限の反映，組織成果の公正配分（誘因や報酬）のスタンダード，情報処理と操作化を含む活動遂行に伴う適切な誘導と動機づけ等，より的確な情報伝達と情報提供が必要不可欠な要素として求められる。

加えて，組織メンバーのスムーズな組織行動の誘発には，組織目標の設定と最適手段の選択や資源配分（意思決定と情報共有），貢献意欲を持続的に高めるリーダーシップやモティベーション（報酬や誘因）の最適性，組織全体としての統一されたまとまり（統合），組織内外に発生する矛盾の解消（緊張の調整処理）といった基本的な機能要件の充足が求められ，その実質的な充足度の

いかんが，一方でメンバーの期待や関心，組織に対する帰属意識（loyality）や一体感，貢献の持続性の度合いを，他方で組織活動の成果や業績水準，組織効率，さらには結果としての当該組織自体の存続性と成長・発展可能性の度合いを，それぞれ規定してくることになる。とくに，後者のマクロレベルの存続性や成長・発展性の問題は，組織の環境適応や適合性の最重要基盤であり，組織の社会的存立基盤そのものでもある。

組織は，元来が環境制約性の克服という点に自らの存立基盤を有する以上，環境変化に対して適合的なそれ自体の適応過程の創出を絶えず求められるもので，環境に対する適応的な仕組み（restructuring）や機能要件の充足，組織行動等の追求が常態として組込まれる必然性があり，その創出努力が組織の中枢（トップ）から末端（ボトム）に至るまで，あらゆるメンバーの組織行動のレベルにおいて求められ，有機的に体系化される必要がある。近年の企業組織を取り巻く環境変化は，従来型の連続性や同一反復的な組織行動で対応可能なほど単純なものではなくなってきている。たとえば，IT革命や内外の企業再編の動向，本体のスリム化やアウトソーシングの進展，情報サービス関連産業分野を中心とした小規模ベンチャー型企業組織の急成長などは，グローバルな企業間競争の激変を象徴するもので，新しい時代の成長市場が組織全体のシステムとしての機能有効性やソフトウェアの独自性や差異性を含む独創的な競争優位性を問われ，同時に時代的なマクロなトレンド（think global）とミクロなトレンド（act local）へのより柔軟で迅速な対応と細心のきめ細かな配慮を求められる証ともなっている。

2－2　組織の仕組みと設計原則

(1)　組織の仕組み

組織を組織たらしめている必要不可欠な仕組みには，組織独自の目標とメンバーが組織に託すさまざまな欲求や関心・期待，一定の価値やルールに基づく

意思決定と情報伝達―相互調整のネットワーク（communication）の存在を指摘できる。これらの仕組みは，組織現象の成立前提を構成している，とくに複雑多様な機能分化を基盤に巨大化した現代の企業組織においては，組織の本質的な部分が独自の組織目標の優位に置かれる関係から，通常組織と個人との一般的な社会関係が組織の要請と個人の要請との間の相対する一種の"give and take"と見なされうる状況を生み出しており，相互に完全な形での還元吸収や一体化が不可能な状況にある。

かつてジンメルは，社会の近代化のベースが一方で「個人の一面性を要求する集団分化（社会の構造的分化）」と他方で「個人の多面性を要求する個人分化（個性的人格化）」との間の根本的な対立関係にあるとみなした。高度に機能分化した現代社会では，個人の欲求充足や要請が特定組織に所属しない限り実現チャンスを保障されにくいだけでなく，組織に所属する個人に一面的なかかわりが求められ，組織全体の統合と効率化を図ろうとする組織自体の要請（構造分化）と，多面的な欲求充足の実現を図り自己の人格的な統合と人間的な成長への契機を保持しようとする個人の要請（個性化）とが，時に対立や緊張を顕在化させ，二律背反的な関係を強いる状況を生み出してきている。

こうした相互依存関係を少なからず媒介調整する仕組みが，実は組織内コミュニケーション・ネットワークであり，両者間を媒介調整しながら，具体的な組織過程の展開がなされる。この点が，今日の大規模化した複雑な企業組織に共通する傾向であり，それを支える仕組みの特質ともなっている。これを，塩原勉は「組織の定言命令」と呼び，一方で組織の目標達成の度合いと他方でメンバー個人の欲求充足の度合いとの間の相互バランスを図りながら，共にその度合いを最大化していくという課題が，今日の組織過程の成否を決する重要な分岐点になると指摘している。

通常，組織にはその構造特性を形づくる地位＝役割（職位＝職務分担）および情報伝達＝調整システムの基本的な設計原則が見出せる。それは同時に，組織マネジメントの基本原則でもあり，厳密には個々の組合せ方で相矛盾する内

容を含むが，組織の構造特性を知る上で重要なものでもある。

　一般に組織の原形であるライン型や官僚制組織の設計原則の一つとして知られる命令統一・一元化の原則は，組織内情報やコミュニケーションの円滑化，組織統制や秩序維持の必要性に依存する。たとえば指揮命令や権限＝責任の流れの明確化や迅速化を基本に，余計な錯乱＝錯綜因子を可能な限り抑制し，事前回避を可能とする一元的な関係──すなわち，直接の管理監督者は直属の上司一人（one-boss）が望ましいとするものである。とはいえ，一管理監督者の直接統制可能なメンバー（部下）の数にはおのずと一定の限界があり，当然組織の状態は管理監督能力や組織統制能力の限界性に規定される。これを管理範囲の原則と呼んでいる。通常，トップおよびミドルでほぼ8名，ロアーで8〜15名程度といわれるが，残念ながら明確な科学的根拠は示されていない。また，これは組織内情報伝達や処理の迅速性・正確性，相互調整の最適性とも関連し，管理監督範囲の限界性が生み出す組織の階層性が主要な焦点とされる関係から，その派生原則である階層短縮化の原則も知られている。

　これらの設計原則は，ファイヨールの管理過程モデルやウェーバーの官僚制モデル等が描き出した点であるが，その厳格な機械的適用や忠実な遵守の生み出す弊害が後にマートンやブラウらにより官僚制の逆機能現象として着目され，組織の硬直化や形骸化というネガティブな側面も知られている。とくに，前者では管理監督者がオールラウンド＝オールマイティである必要性があり，専門性のメリットが希薄化し，組織の大規模化による情報処理能力の低減や構造上のルートを飛び越えた迅速で柔軟な現実対応が困難となる。また，後者でも規模拡大や組織内分化の進展によるシステムの複雑化や延伸化，多重階層化が避けられず，遅延化やノイズの発生，情報拡散化の必然性を内包する。管理範囲と階層構造の関係をモデル化したデービスは，この両者間に逆相関関係が成立する（前者の縮小は後者の複雑な階層化を，後者の短縮化は広範囲な拡大化を生み出す）ことを明らかにした。近年のコンピュータ化を中心とした企業IT革命による情報処理能力の飛躍的な向上や大幅な権限委譲に基づく分権化，

組織スリム化やフラット化の動向，間職や課制の廃止等に象徴される変革などは，組織の複雑な多重層構造化が引き起こす環境変化への柔軟性・迅速性の欠如や組織硬直化を克服する試みとしても注目される。

(2) 組織の設計原則

通常，組織では同種の職務や仕事は可能な限り一つの単位にまとめて専門化し，専門家を配置して遂行していくのが最も効果的・効率的であり，同時にメンバーにとっても限定された一つの主要な職務（役割）を専門的に遂行する方が経験効果や熟練の蓄積，相乗効果の誘発という点で望ましいとされる。この職務遂行上の効率性や機能有効性の度合いに依存する原則が専門化の原則と呼ばれ，ファンクショナル組織の基本設計に具現化されている。とくに，この原則に最初に注目したテーラーの「多元的管理」の発想の原点にあるメンバーの同質性や類似性を基本とする量的効果と異質性を基本とする質的効果の両面性は，単純なメンバーの総和以上の相乗効果の誘発という点で戦略上の意味をもつが，現実の専門特定化という点で競合的性格ももち，特定状況下の具体的組織の設計上の最適性をどう確保するかの困難さを伴うことにもなりかねない。

また，職務遂行に伴う職務権限は明確に規定されていなければならないと同時に，職務（職位）の明確な規定に基づく責任もその度合いに対応した一定の権限を付与されねばならない。こうした職務権限と責任との間の相互依存的な対応関係の明瞭性に依存するものが，規定の原則ないしは権限＝責任対応の原則と呼ばれる。本来，職務は職位に応じて配分される以上，その遂行上必要となる正当性の基盤を保障されねばならず，職務遂行に対応する権限と遂行責任と遂行に伴う情報伝達や報告義務の三面等価が基本であり，より厳密には達成評価や処遇・報酬への等価連動が求められるが，わが国の企業組織の基本スタンスでは等価性に関する意識が相対的に弱く，組織モードとして前者で相対的に分権的であるのに対して，後者で集権的特性を強く示す点でグローバル化への障壁となる可能性も秘めている。

これと関連して，組織運営の効率性や有効性の面から，組織階層の上位者が非ルーティン（non-routine）的な例外事項の処理に専念し，日常的なルーティン化された反復的業務や行動プログラムの標準化・マニュアル化が可能な職務を下位に委譲することが望ましいという例外の原則，職務権限が組織メンバー個人に与えられるのではなく，あくまでも占める職位にあることから，それらがより下位の職位に配分され，相互に明確な位置づけと密接な関連性をもたねばならない。ないしは実際の地位＝役割に見合う現実対応の可能性を高め，メンバーの貢献意欲や責任感，動機づけ効果を高める意味で，自由裁量の余地を拡大することが望ましいとする分権化─権限委譲の原則などもよく知られている。さらに，現実の組織活動は動態的であることから，直接の担当職務外で新たに取得される役割（role-taking）や応急的対応，まったく新たに創造される役割（role-making）もあり，組織の各パートや個人間に微妙なズレや職務遂行上の行き違い，役割葛藤が生じたりもする。この結果生み出される職務相互間の重複やスキ間，組織内＝個人間の緊張関係を調整処理し，組織統合と情報処理の円滑化を促進して協働関係の有効性を高めていく必要がある。これを調整の原則と呼んでいる。

かつてサイモンは，組織原則の欠陥が，相互矛盾的で両立不能な内容をパラレルに主張し，原則間の組織内におけるプライオリティの原理を欠き，科学的検証手続きと乖離した次元で規範的な経験則を述べているにすぎないとして批判したが，本来組織有効性を高めるための設計原則である以上，相互矛盾の解消や最適調整ポイントの明示が重要で，特定の状況や組織環境と関連した現実の妥当性や最適性を問う必要があろう。

2－3　組織のマネジメント原則

(1) 組織の理論モデル

企業組織のマネジメント問題は，展開される「場」の捉え方の相違を基本と

する対象領域の違いに象徴的にあらわれる。アーウィックは，その場が「経済目的達成のための経済的価値の組織」と同時に，「共通目的に向かって結合された人間の共同社会」でもある点に着目し，それが「仕事」と「人間」という二重のマネジメント・システムから構成され，それぞれに「単位化」される側面（課業，課業への個人適応）と「集合化」される側面（課業間の相互連関，集団の刺激と統合）との異質な方向性をもつ関係から，四つの代表的な対象領域と4タイプの捉え方が存在することを明らかにした。もちろん，その全体を包括する「統合化の方向性」が存在するので，厳密には5タイプの捉え方となる。

　また，スコットの基本パラダイム（一部修正）に基づく理論的な発展図式（理論モデルの志向性による分類）の特徴を集約すると，企業組織の本格的研究は，近代産業社会の幕開けと共に始まり，今日までの主要な推移がおよそ次の3点に集約できる。第1点は，古典的な組織論モデルに代表されるように人間を組織の一構成要素と位置づけ，その用具性を基本に一生産手段とみなす人間不在の考え方から，その多面性――なかでも創造的な主体的側面を重視した人間中心の考え方へ，第2点は，組織の状態的側面である構造中心の静態的な捉え方から，バーナード＝サイモン・モデルに代表されるように組織過程や組織行動を加味した活動的側面である動態的捉え方へ，第3点は，組織内構造や組織内効率から，コンティンジェンシィー・セオリー・モデルのように組織を

図表2－1　組織マネジメントの主要な四つの対象領域と統合化の方向性

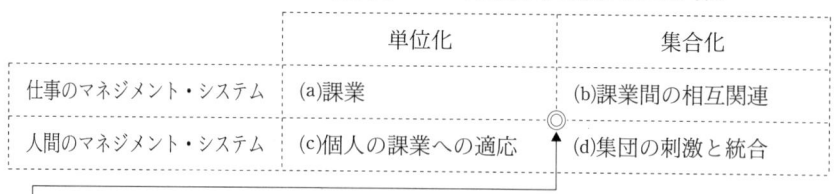

	単位化	集合化
仕事のマネジメント・システム	(a)課業	(b)課業間の相互関連
人間のマネジメント・システム	(c)個人の課業への適応	(d)集団の刺激と統合

(a)～(d)の統合化：　①変化に対する適応的な「意思決定」
　　　　　　　　　　②「能率枠」を超えた戦略的マネジメント
　　　　　　　　　　　――効率性や能率性，経済合理性からの脱却

図表2−2　代表的な理論モデル

	〔代表的理論〕	〔管理スタイル〕	〔仮説モデル〕
(a)課業中心：	科学的管理法	課業管理	経済人モデル
(b)課業間の相互関連：	管理過程論	組織管理	機能人モデル
(c)個人の課業への適応：	人間関係論	ヒューマン・リレーションズ管理	社会人モデル
(d)集団の刺激と統合：	行動科学論	小集団管理	自己実現人モデル
(e)統合化の理論：	現代組織論	動態管理	
	コンティンジェンシー・セオリー		環境適応モデル
	行動科学的意思決定論		経営人モデル
	オープン・システム論		システムズ・モデル

取り巻く環境変化への適応や適合性，組織外効率への移行として捉えることができる。同時に，組織観にも大きな変化がみられる。組織を課業分担の仕組みや機械的な分業システムと見なす機械（機能人）モデルや経済人モデルの組織観から，さらに，人間主役の仕組みで動く有機的な協働関係のシステムとみなす組織観へ，組織をマネジメントの機能有効性を高める手段とみなすものから，逆に企業の組織行動とみなすものへ，また，組織を環境から遮断・隔離された存在とみなす捉え方（closed system）から，環境との間の相互作用のシステム（主体的・創造的な存在）とみなす捉え方（open system）へと大きく転換してきている。

また，理論モデルの基本的性格も，組織構造の唯一最善のあり方を求める設計原則レベルの規範的モデルから，現実組織の機能的ダイナミズムや組織現象の背後で働く一定の法則性を求める科学的モデルへ，国や業種，規模，環境的条件等の相違にかかわりなく，いかなる組織にも妥当な一般性をもった普遍的理論から，コンティンジェンシー・セオリー・モデル以降の組織論モデルに象徴されるように，これら個別条件の相違を一定の状況変数として組み込んだ相対的妥当性を問題とする「条件づき」理論へ大きくシフトしてきている。先のアーウィックの問題とする「統合化の方向性」に関する取り組みは，その意味で現代組織論の主要なテーマであるともいえよう。

図表2-3　組織研究の理論的発展図式（Scottの修正図式）

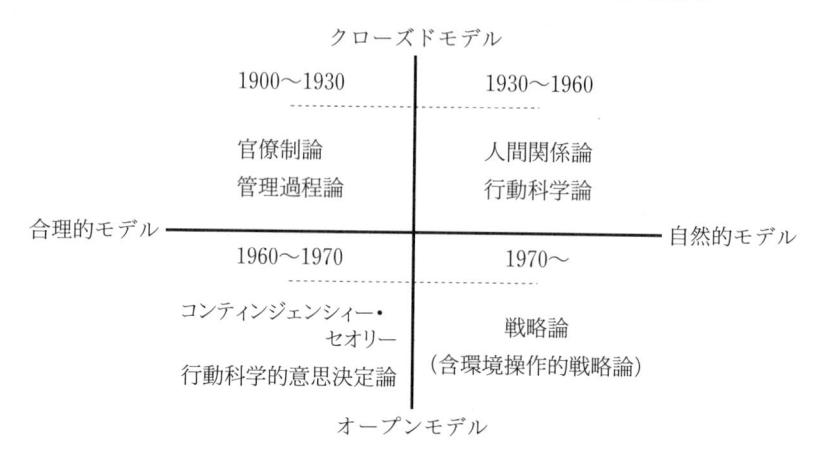

```
                    クローズドモデル
          1900〜1930  │  1930〜1960
                     │
          官僚制論     │  人間関係論
          管理過程論   │  行動科学論
                     │
合理的モデル ─────────┼───────────── 自然的モデル
                     │
          1960〜1970  │  1970〜
                     │
          コンティンジェンシー・│ 戦略論
              セオリー  │（含環境操作的戦略論）
          行動科学的意思決定論 │
                     │
                    オープンモデル
```

(2) 官僚制組織の特徴

　かつてウェーバーは，近代的組織が内在化する分化（合理化）過程の特徴を能率や効率本位の純技術的優越性に見い出し，その本質的な主導原理を官僚制化（Burokratisierung）として捉えた。彼は，マクロな時代考察を通して近代社会で進展する形式合理化の結晶態としての合理的支配（合法的支配）の定式化を行い，その近代的支配形態のもっとも典型的な組織原理（支配の合理化）を可能ならしめる組織形成原理を理念型（ideal type）としての官僚制として描き出したことで知られる。この官僚制組織の構造特性は，①職務権限（分業と権限）の原則，②職務上のヒエラルキーと審級性の原則，③厳格な公私区分の原則，④コミュニケーション原則としての文書主義，⑤専門化の原則，⑥職業倫理の確立と職業専念の原則の6点に集約されている。

　官僚制組織は，活動処理の標準化—均等化を可能とする合理的に定められた規則の体系を介し，具体的運用がその個別ケースへの適用をとり，要する活動が一定の限定細分化された職務（役割：課業）として配分され，同時に細分化された職務に基づく明確な権限を配分された地位のヒエラルキー（職位階層システム）を通して展開される（①）。職務遂行上のヒエラルキーは，階層化原

理に従って各職位階層間に上位職位による下位職位の統制・指揮監督関係を構成し、その帰結として単一支配的構造（トップの単独）を生み出す（②）。同時に、組織活動は形式的でインパーソナルな規律と職務を通して遂行され、職務遂行に要する手段の集中と、職位＝職務（公）とその占有者（私人）が厳格に識別され、両者が完全に分離したものとなる（③）。したがって、意思決定や組織活動が私情の関与を排除した規則に基づき明確に定式化され、情報処理―伝達と記録も文書をもってなされる（④）。一見、コストや費す労力、時間等を考えると非合理に思えるが、口頭伝達によるノイズや錯乱因子を抑制・排除してスムーズな職務遂行や規則運用、解釈の余地等を考えると、逆にロスなく効率的・体系的に進めることが可能であり、合理的支配に必要不可欠な基盤ともなる。その意味で、正確さや迅速さ、持続性等の点で口頭伝達の限界性を凌ぐ。また、効率的な組織活動や合理的な組織運営には専門的な知識や知的熟練、教育訓練が必要不可欠で、業績や能力を基準とした専門性（資格）による人材の適正配置や継続的補充が求められ（⑤）、同時に職務遂行上の専念義務や専従化、職業人としてのモラル（⑥）が当然の帰結として求められることにもなる。後にこの問題を再集約したブラウは、機能的な専門化（functional specialization）とメンバー間の没個性化（impersonality）、標準的規則（standard sets of rules）、権威のヒエラルキー（hierarchy）の4点が官僚制組織の基本特性を構成する点を明らかにした。

　官僚制組織の特性はあらゆる近代的組織に共通するもので、組織近代化の構造要件を明示するものでもある。ウェーバー自身も指摘するように、合理化の歴史的必然性に添って純技術的に最高度の能率―効率を発揮しうるよう方向づけられ、精密機械のような目的遂行が期待されている。

(3) 官僚制組織の逆機能

　組織の形式合理性の拡大強化は、他方で合理的支配の貫徹によるさまざまな弊害や問題を生み出す。その病理的症候群がマートンやブラウらによって指摘

される過剰同調，目標の転移，訓練された無能力等がそれである。官僚制化が，その本来の意図とは逆に組織内メンバーの圧迫や仕組み上の硬直化を引き起こし，意図せざる結果としてさまざまな弊害を生む母体へと転化する。たとえば，規則や規律による合理的な組織運営，悪しき慣行や私情の余地の排除という本来的な特性も，それ自体の厳格な遵守や過度の強調が逆に過剰な職務忠実性を誘発し，組織内の有機的連携の欠如や心理的不安の助長となってあらわれ，組織目標の効率的達成の手段である規則や規律の遵守自体が自己目的化し，究極的価値と化してしまう。結果として，目標と手段の逆転や規則手続きへの隷属，無力感から派生する創造的な貢献意欲の低下，形式主義，儀礼主義，繁文縟礼，保守主義的傾向など融通のきかない杓子定規や迅速で柔軟な適応能力の喪失，自己防衛的姿勢の助長等を生み出すことになる。また，専門的知識に依拠したセクショナリズムや特有の趣向性（癖）が生れ，メンバーの非人格的な相互依存関係と権威主義的パーソナリティをも醸成することになる。こうした組織状況のもとでは，各メンバーが個性や人間性を喪失した巨大な歯車の一部品と化し，疎外された組織人の典型ともなりかねない。今日，企業や一部官僚組織における組織的逸脱行動がマスメディアを賑わしているが，こうした組織人の姿にネガティブな形で重ね合わされるイメージは，多くの場合，やみくもに与えられた職務への過度の忠誠とその他律的行動パターンでもある。

　これとは別に，ホワイトは現代組織人の典型的パターンを組織への献身的な全人的コミットメントを特徴とする人間類型として描き出した。それは必ずしも組織への盲目的な隷従や人間性・個性・創造性を喪失した疎外された人間存在であるのではなく，むしろ組織への服従に喜びや恩恵すら感じるタイプであることを明らかにしている。また，そこには現代社会の縮図ともいえる科学主義への信仰や集団への強い帰属願望，組織の優越性や創造性への信仰等，独特のイデオロギーがあり，それが個人を背後で突き動かしていると指摘している。この点では，一時期わが国の組織人の代名詞となった「モーレツ社員」や

「企業戦士」,「会社人間」などと一脈通じるものもある。

　こうした古典的な組織モデルでは，人間存在を組織の一構成要素とみなし，その内部構造と内部効率に着目した目的達成上の有効な合理的組織のあり方や唯一最善のマネジメント・スタイルを追及する点に共通点がみられる。これに対して，メーヨーやレスリスバーガー，ディクソンらのHBS（ハーバード・ビジネス・スクール）の人間関係論モデルでは，組織メンバーの行動メカニズムの非合理性や背景の社会的規定要因，認知限界の重要性に着目し，それが個人のキャリアと人間関係とに規定される心情やメンタルなレベルの態度の関数であるとの見方をとっている。また，サイモンらのカーネギー学派の行動科学的意思決定論モデルでは，一定の制約された合理性（情報限界）のもとでの意思決定のネットワークや動機づけの仕組み（組織影響力）であるとの見方をとっている。

(4)　ホーソン実験と人間関係論

　人間関係論モデルは，ウェスタン・エレクトリック社のホーソン工場での大規模な一連の実証的・継続的な段階的研究によって生まれた。この一連の研究過程で，従来のモデルが想定した作業環境や労働条件などの物理的・経済的条件と生産効率や貢献度などの組織有効性との間の相関仮説が覆えることになった。

　その第1ステップは照明実験で，後の本格的な継続研究に先行して1924年から同社独自に行われた。照明強度をコントロールして作業能率との関係が研究されたが，さほど大きな影響が見い出されず，それ以外の重要な要因が示唆された。これに基づき，HBSの支援のもとで未知の生産性向上の規定要因の解明に向けた第2ステップの継電器組立実験研究が進められ（1927～），労働時間や休憩，集団出来高払，軽食支給等の物理的作業環境や経済的諸条件との関係が調査された。その結果,「生産性は労働条件や作業環境の関数である」という従来の常識的仮説が覆され，集団出来高給（第二継電器組立）と管理監

督方式の変更（雲母剝離作業）をそれぞれコントロールして生産性と関係が研究された。その結果，後者の変化とそれに伴う作業集団の状況変化が，従業員の満足度や協力的態度を生み出し，その心理的要因が，生産性の上昇を誘発するという事実が明らかにされた。これをさらに詳しく検討するために，第3ステップとして当時では画期的な面接調査計画が実施された。この調査は，第1段階として1928年9月から当工場の検査部門1,600名を対象とした面接質問形態（direct-question method）で，第2段階として1929～30年にかけて，その有用性を重視した企業サイドの意向を反映し，面接対象者を従業員全体（総数21,126名）へと拡大して，被検者に自由な立場で回答を求める非指示的面接法の形態（non-directive interviewing）で実施された。

その結果，従業員の不平不満には，機械設備など物的対象から生ずる不満や生理的不快感と，個人の能力発揮や管理監督の厳しさなど個人の心情や期待に根ざす不満との2タイプがあることが判明した。とくに解決の困難な後者の背景となる個人的・社会的状況の脈落を考えることの重要性が明らかにされ，個人的状況関連の不満や生産効率低下の発生経路に関する分析が進められた。また同時に，工場内の社会的要因に関する分析も進められ，職場の社会関係とキャリア（社会的経験）の蓄積を反映した欲求性向や期待，価値観が彼らの職場における満足度を大きく規定する点の確認もなされた。

この解明過程で，従業員が現在の職場で取り結ぶ人間関係の実態を解明する必要性が生じ，その検証のために実施されたのが最終段階の配電巻線作業観察である。通常の職場条件と作業慣行のもとでの職場集団とメンバーの行動を観察し，その結果，メンバー間に一定水準以上の生産性を抑制する独特の慣行が形成され，生産高の記録の意図的操作や製品の品質への個人的裁量の反映がみられた。すなわち，各人の生産性に個人の能力や熟練度が反映されない事実が発見された。これはフォーマルな組織の中に自然発生的に生じた2組のインフォーマルな仲間集団（clique）とその集団標準（掟）が影響を与えたもので，集団規範の遵守を求める圧力（たとえば冷やかしや皮肉をいう等）が働く点が

明らかにされた。

　このインフォーマル集団特有の行動準則は，メンバーの逸脱傾向を抑制し行動を規制する反面で，精神的―心理的安定感の基盤や帰属感，一体感の源泉ともなり（対内的機能），外部のさまざまな干渉や圧力――たとえば相反するフォーマルな組織慣行や規範に対抗し，管理監督者による変更や修正等に集団防衛的に抵抗する基盤（対外的機能）ともなることが見い出された。結果，フォーマル組織の末端の職場集団内で従業員の取り結ぶ社会関係が，彼らの思考＝行動様式や満足感を大きく規定し，能率や効率の論理で合理的に編成される前者とは別に，感情の論理で動くインフォーマルな社会関係の機能的な影響力の重要性が認識されることとなった。後に，ブラウンはこのインフォーマル・グループが職場のメンバーに特有の態度や意味，目標を与える社会的媒体で，職場の規律や統制上の基本的源泉をも構成すると指摘したが，この組織における人間存在の非合理性の側面と重要性を鮮やかに導き出した点に，この人間関係論モデルの大きな意義と特徴がある。

(5)　行動科学的意思決定論

　行動科学的意思決定論モデルは，組織における人間存在が，行動契機となる情報的側面において全知全能の存在ではなく，部分的に無知な存在であり，従来のモデルが暗黙に前提とした完全な合理的存在たりえないという「制約された合理性」やその確保限界の考えに準拠している。本来，合理性の確保基盤は，ある行動に続いて起こりうるあらゆる可能性と結果についての完全な知識や情報とそれに基づく合理的な予測という点に求められる。だが，この前提的な必要条件を充足するにはおのずと一定の限界があり，人間存在に可能な範囲はせいぜい「主観的合理性」を高める努力の程度である。したがって，従来のモデルのように客観的合理性を充足しうる存在として行動主体（人間）を捉え，組織の合理性の極大化や最適化を想定することはきわめて困難であり非現実的である。それゆえ，このモデルではさしあたり求めうる一定の受容可能な

希求水準の充足と，組織の置かれた環境条件のもとで必然的に生ずる情報処理の負荷（組織の必要性の度合い）に対応するための情報限界の克服が重要課題とされる。

　この組織における情報限界の克服は，組織目的の上位および下位への分割，それぞれの希求水準の設定と体系化，意思決定の部分的最適化を可能とする方法的手順の設定から構成され，それによって多様な目的の随時的追求と競合目的の妥協による共存（準解決）状態を確保することが必要になる。また，この方法的な展開は，意思決定に要する情報や代替案の探索活動を一方で制約する可能性も高く，ルーティン的部分に関しては行動プログラムを準備し，学習やフィードバックに基づく漸進的改良を進めることが望まれ，この行動プログラムに導かれた行動様式の全体が組織構造として捉えられる。同時に，この意思決定に要する情報や代替案の探索活動は，目的達成が不完全・不満足なケースのみ展開され，操作可能なポイントから問題志向的に，逆に未知の要素が介入する可能性が高い意思決定は後回しにされるのが一般的で，その限りで組織が過去の実績や経験を生かす適応的なオープン・システムとして描き出される。

　加えて，組織目的の達成にメンバーの動機的側面の重要性が強調され，それを高める組織の課題が意思決定の前提条件の提供に求められ，それによってメンバーの組織に対する忠誠心や一体感を醸成することの重要性が指摘される。通常，この動機づけ効果や働きかけを組織影響力と呼ぶが，このモデルはフォーマル組織の合理性を主として問題としながらも，人間存在を一定の認知的限界と組織影響力のもとでの動機づけを前提に問題解決行動を行う主体として捉える点に特徴があり，その意味において先の人間関係論モデルを一歩進めたモデルと位置づけることも可能である。

(6) コンテンジェンシー・セオリー（環境適応理論）

　1960年代以降，欧米先進工業国を中心とした急速な科学技術の進歩と技術革新の加速化，グローバルな市場競争の進展に伴い，産業化の成熟段階である

高度産業社会への移行と産業構造や企業環境の激変期を迎え，企業組織の重要課題として環境との最適な関係のあり様が問題化し，外部環境の変化への適応や外部効率といったマクロな対環境との最適性に対する関心が表面化してきた。その動向を決定づける契機となった考え方が，コンティンジェンシー・セオリー・モデルの「組織構造は組織環境に従う（最適組織は環境特性に依存する）」という基本命題で，組織編成や組織構造に唯一最善の普遍的方法（構造）が存在しないばかりか，組織の置かれている環境や状況的な条件性のあり様に大きく左右されるという考え方である。このモデルは実証研究を通して構築され，さまざまな状況変数とのかかわりや多次元的な分析による実態解明を特徴とし，主として技術や規模と組織構造との関係に重点を置く英国を中心とした研究と，タスク環境と組織行動との関係に重点を置く米国を中心とした研究とが代表的なものとして知られている。

その代表的な研究として，前者の例ではウッドワードの技術と組織構造との関係性に関する研究では，既存の典型的な生産技術が，① 単品＝小バッチ生産と ② 大量＝大バッチ生産，③ 装置生産の三つにタイプ化され，そのうち ① 単品＝小バッチ生産と ③ 装置生産に有機的システムの有効性が高く，これと対照的に ② 大量＝大バッチ生産に機械的システムの有効性が高いという事実を見い出した。前者は目的のみを明確にし，目標達成過程の裁量と弾力性を許容する柔構造に大きな特徴があるのに対して，後者は課業と伝達システムを厳格に規定し，活動の定常化を図る「官僚制」的剛構造に大きな特徴があるとしている。

同様の結果は，バーンズとストーカーのエレクトロニクス企業15社のケース・スタディによる組織構造と組織環境の関係についても指摘されている。彼らは企業の基本的な組織構造に二つのタイプが存在し，ひとつは組織が高度に構造化され，集権的で，階層間の垂直的（上下間）相互作用が強く強調されるような「官僚制」組織にきわめて近似の組織特性を有する機械的システムで，二つめの組織は比較的ルーズな構造を有し，分権的で，メンバー間や各構成部

門間の水平的（横の）相互作用が強く強調され，実際に活発なコミュニケーションが展開されているような「非官僚制」的組織特性を有する有機的システムである。このうち，前者の組織は比較的安定的な環境下で高業績をあげているのに対して，後者の組織は事前の予測がきわめて困難な（迅速柔軟な）組織対応を絶えず求められる可変性に富んだ不安定的な環境下で高業績をあげている点が明らかにされた。

また，規模と組織構造との関係では，たとえばデスペルダーによる組織内における管理―間接部門の比率と各種管理者＝スタッフ（支援）部門の比率に着目した研究例があげられる。彼は前者の比率（生産従業員数に対する当該従業員数の占める割合＝管理・間接部門の従業員数÷生産従業員数）が規模の増大に従って当初は急激に上昇し，やがてほぼ50％前後で比較的安定化すること，同様に後者の比率が規模の増大に従って①逓減的な成長パターンを示すケースと，逆に②比例的に成長し続けるパターンを示すケース，および③相互に有意な傾向性をほとんど示さないケースの3タイプがあらわれることを発見した。この事実は，組織規模の拡大に応じた構造特性が，必ずしも画一的な傾向性や同質的なパターンを示すものではなく，当該組織ごとにその置かれた環境要因のあり様や組織条件の相違に応じて規模拡大上のとりうるパターンが異なる点を明らかにしている。

それに対して，後者の例となるローレンスとローシュの課業環境（事業展開に直接関連してくる環境）と組織行動との関係性に関する研究では，企業の置かれた市場特性の相違に応じた組織分化と統合度の異質な二側面の均衡状態のあり様がもつ重要性を発見し，なかでもとくに不安定な企業環境下でもっともハイレベルな業績達成を可能としている企業が，共通して組織内の分化と統合（二律背反的関係にある）度合いの均衡状態を同時に最大化している事実を見い出した。またさらに，組織の置かれた環境の不確実性の度合いが当該組織の構造特性を大きく規定している点も明らかにした。すなわち，①課業環境の不確実性―多様性の度合いが高い環境下（プラスチック産業）では，各部門間

の密接な相互依存関係と強力な統合手段が必要とされ，そうした構造特性を有する組織がもっともハイレベルな業績達成に成功し，逆に②課業環境の不確実性―多様性の度合いがもっとも低い環境下（容器産業）では組織分化もさることながら統合が通常の計画や伝達により十分処理可能な状態であり，③課業環境の不確実性＝多様性の度合いが中位（食品産業）の組織では部門分化の程度もさほど高くなく，同様に統合手段もさほど強力である必要もないことを報告している。

　こうした事実の発見から，組織の最適形態や構造が置かれた環境特性の違いに依存するという有名な命題が導き出され，環境条件とのかかわりで有効な組織のあり方や合理性を問題とする視点が一般化し，組織マネジメントの知恵に唯一最善の方法や手段が存在しないという今日的な理解を広く認識させる結果となった。同時に，このモデルの発想の原点となったサイバネティックスの「最少有効多様性の原理」は，環境の多様性が生み出す意思決定の負荷に対して最大効果を誘発可能な情報処理構造の構築と組織多様性の確保という最適な組織デザインを示唆した反面で，環境変化や諸条件に対する依存性を前提とするニーズ（needs）志向の受動的なモデルに留まり，組織本来の主体的・創造的な能動的シーズ（seeds）特性の欠落という問題点も残す結果となっており，その後の戦略的組織への発想転換を始めとする新しいモデルづくりの試みの中で，今日的な解決課題を同時に提起するものともなっている。

2－4　企業成長と企業間結合

(1)　企業間結合としての企業のグループ化

　企業の成長に伴い，市場において優位な地位を獲得するため企業間で結合することがしばしばみられる。

　企業結合の形態としてはカルテル（cartel），トラスト（trust），コンツェルン（Konzern）などがある。カルテルとは同種または類似の企業が相互に独立

性を保持しながら市場統制のための協定を結んで結合するものである。トラストは独占を目的として形成される企業間の全面的結合を指す。大企業が中小企業を吸収合併するか、あるいは同規模企業同士で対等合併するか二つの形態がある。日本では独占禁止法によって市場の独占化は禁止されている。コンツェルンとは複数の企業が特定企業の傘下のもとに実質的結合を形成するグループ化をいう。この中には種々の形態がみられる。ここでは日本におけるコンツェルンの歴史的経緯をふまえた現状と課題について素描しておく。

わが国における企業間結合としての企業のグループ化—系列化の動向は、戦後の財閥（日本的多業種独占型コンツェルン）の解体や戦前派財界人の公職追放、労働三法の制定などに象徴される一連の労働民主化と同時並行し、財閥解体の終了した1950年代初頭から旧財閥＝同族系企業の結集に始まり顕在化してきたもので、今日では非財閥や新興企業間にも及ぶかなり広範囲な現象となっている。もちろん、前者のグループ化のケースも戦前の財閥復活を意味するものではなく、この動向自体が成熟した銀行金融資本（メイン・バンク）を中心に各グループ企業間が互いに持株方式を採用することで、グループ内のリスク分担（リスクの分散化）とそれぞれの企業トップの集まりである「社長会」を中心としてグループ内企業全体のコントロールを図り、トップの情報交換や新規分野への進出、異業種間ミックス（情報・技術・人的資源等の相互交流や経営資源の有効活用も含み）などの具体的活動の展開を推進するきわめて合理的な性格を有するものとなっている点は十分に留意する必要があろう。

企業グループは、ある程度企業間に固定性をもった結合で、市場と企業との間で一定の媒介的機能を果たす中間組織として位置づけられ、市場機構における取引およびそれに伴うコストを削減ないしは節減する効果と異質な要素結合のもつ創発特性を生かしうる一つの制度的な企業運営の方法であるとの指摘もなされている。また、このグループ化の成立および継続のインセンティヴは、技術や市場動向などの情報取引がグループ化の場合には相対的に効率的（情報取引の場としての相対的優位性にある）となるためであるとの分析もなされて

いる。今日の企業環境の不確実性の増大傾向下においては，企業グループの存在がそれへの主体的・創造的な戦略対応可能性の度合いを高めうるないしは迅速で柔軟な環境適応パターンの創出のための選択しうる一つの有効な手段提供ともなっている。なかでも，イノベーションの創出プロセスとその可能性という点でも注目を要する。わが国の企業グループも企業間ネットワークの一形態（ある関係のもとにある程度まで継続的に連結された諸単位の統一体）であり，それがイノベーションの誘発にとってきわめて適合的な組織形態であるとの指摘もみられる。一般に，わが国の企業グループは相互結合するグループ企業間に強力な紐帯の形成を目指す性格のものではなく，どちらかといえば完全にオープンな市場取引関係と閉鎖的な企業内組織活動とのちょうど中間的な性格をもった弱い結合紐帯を構成することから，限定された企業枠を超えて各グループ企業間の独自性や主体的で自由な発想の交換，相補的情報活用やもてる経営資源の有効活用が可能となり，それを可能とするような支援的システム造りと企業間の支援的―促進的なマネジメント展開がなされるならば，おそらく相互に結合し合うグループ企業間に思いがけない創発特性（emergent property）を生み出しうる連結となる可能性も高いといえよう。

(2) 六大企業集団と系列化

今日，わが国には「六大企業集団」と呼ばれる代表的な企業グループが存在している。この六大企業集団とは，通常，三井・三菱・住友など旧財閥系企業集団と，同様に戦前からの旧財閥系企業群でありながら中核的なメイン・バンクを欠いていた旧安田系の芙蓉会グループ（富士銀行），三和グループ（三和銀行），古川―川崎グループ（第一勧業銀行）など新興財閥系企業集団の各新メイン・バンク系企業グループを具体的には指している。この六大企業集団は異業種間にわたる広範な系列の企業結合を特色としているのに対して，他にもたとえば旧国家トラストから出てきた新日鉄，巨大重機資本の日立製作所，東芝，石川島播磨（IHI）や戦後急成長したトヨタ，日産，松下など独立系企業

集団に代表されるような同一業種内の企業間協力を特色とした企業グループも知られている。もちろん，これらのグループ企業も事業拡大や多角化，グローバル化という今日的な動向を反映して，現実には互いにいくつかのグループに重複参加しており，結束力や相互依存関係など現実構成上もきわめて複雑―多様化の傾向性を示している。こうしたグループ化という企業間結合関係は，企業そのものの存立形態や企業間の相互関係などの基本的性格が戦前の財閥―同族企業系列と対比してみると異質化・多様化してきている点も見落せない。加えて，近年の新産業分野や海外への積極的進出，新製品開発や技術開発等の積極的推進，メイン・バンクの強力な融資を背景にグループ外企業の吸収，系列化を促進して規模拡大を図っている点なども同様である。また，グローバルな国際競争力の強化や金融ビックバン等を背景に，業界再編の動きや合併，業務提携，持株会社の設立など，企業を取り巻く環境が激変する変動期を迎えて，企業グループの動向も大きく様変わりする可能性もあり，旧財閥系企業グループのメインバンク同士の合併や企業のリストラ過程で進むアウトソーシングなどが象徴するように，戦後の経済的繁栄と比較的安定した成長を支え続けてきた産業界全体の枠組みの大きな変容の動きなど，今後も注目が必要となろう。

　また，企業の系列化と企業のグループ化は同義に用いられるケースが多いが，一般的にはグループ化が縦―横両方の連鎖を含むのに対して，系列化が多くの場合，親会社↔子会社↔孫会社や元会社↔下請会社といった縦系列の連鎖――より具体的には自動車，家電，エレクトロニクス機器関連の各メーカーに典型的にみられるように――として捉えることができる。とくに生産上の縦系列の連鎖（生産系列化）と販売上の縦系列の連鎖（販売系列化）の二つの代表的な系列化が典型的である。この縦系列の連鎖は，とくに不況時に強まる傾向性がみられ，部品（原材料・半製品）の安定的供給関係の維持―確保や安定生産，販路の確保等の主としてバランスとタイミングを相互調整し，安定的な経済効率を維持する効果を発揮している。しかしながら，今日のグローバル市場においては，これが外国企業の国内市場への参入障壁の象徴として，またさま

ざまなわが国特有の商取引慣行や独特の規制の枠組みと並んでアンフェアな企業間競争や市場取り引きとして，国際的に批判の対象となっている。

📖 参考文献 📖

本章の代表的な参考文献としては以下のものを紹介するにとどめるが，できればさらに掘り下げて，それぞれ直接原典にあたられることをお薦めしたい。

R. K. マートン（森東吾他訳）『社会理論と社会構造』みすず書房　1961年

A. グールドナー（岡本秀昭・塩原勉訳編）『産業における官僚制』ダイヤモンド社　1963年

P. ローレンス，J. ローシュ（吉田博訳）『組織の条件適応理論』産能大学出版部　1977年

野中・加護野・小松・奥村・坂下『組織現象の理論と測定』千倉書房　1978年

安藤喜久雄・田草川僚一『産業と組織の社会学』学文社　1990年

N. ルーマン（上　沢谷豊・関口光春・長谷川幸一（訳）下　沢谷豊・長谷川幸一（訳））『公式組織の機能とその派生的問題（上・下）』新泉社　1992年，1996年

羽田　新『産業社会学の諸問題』税務経理協会　1993年

富永健一『経済と組織の社会学的理論』東京大学出版会　1997年

S. ロビンス（高木晴夫訳）『組織行動のマネジメント』ダイヤモンド社　1997年

第3章　職場集団と人間関係

3-1　職場集団の特質

(1) 職場集団の構造

　巨大で複雑な企業組織も，それを要素的単位へ分解すれば複数の職場集団間の相互連関から構成されている。本来，集団はたとえばホマンズやベールズ流に表現すれば，複数の人びとの集合体で，その構成メンバー間に対面的（face-to-face）な関係性を前提とする継続的な相互作用やコミュニケーションが展開され，相互間に機能的な連関を通した明確な相互知覚がみられる一定の境界を意味している。なかでも，職場集団はその永続性と人為性に基礎を置き，仕事の効率的な遂行活動を目的とする単一機能的なフォーマル集団を指している。すなわち，フォーマルな企業組織の下位体系として，部門管理監督者の指揮命令系統に従って企業組織の効果的な目的達成に向け，目的合理的に編成された組織的活動の展開される末端の場であり，同時に当該企業組織で働く従業員にとっての実際の労働生活＝職業活動の場でもある。

　これを人間関係の側面からみれば，職場の成員はフォーマルな人間関係としての職位・職務関係とそれを媒介としながらもそれに他の要因も加わってインフォーマルな人間関係を取り結んでいる。

　通常，集団の構造化の度合いは，メンバー間の相互作用のパターン化や地位＝役割関係の定式化，集団規範の確立度や思考―行動様式の標準化の度合いなどによって知ることが可能で，それらが高まるに従って当該集団の構造はより複雑化や統合化の度合いを高め，集団内メカニズムもより高度化し，実質的に多様化するのが一般的である。こうした傾向性は，当然フォーマルな性格の

強い組織や集団ほど強く現れ，身近な社会集団の中でも職場集団にその特徴が顕著に見い出される。

　ホマンズは，集団を独自の課題遂行や環境への働きかけを行う過程としての外部体系（external system）と構成メンバー間の過程としての内部体系（external system）との相互連関から捉えようとしたが，これを集団のインプット＝アウトプット・システムという観点から再整理した青井和夫は，彼の指摘した三つの構成要素（インプット要素）が集団構造として結晶化され，このプロセスが一方で特有の集団文化を生み出すと同時に，他方で集団の統合や生産性，モラールといった代表的な集団業績に変形され，共にアウトプットされることを図（一部修正）で示した。すなわち，集団はその規模の大小を問わず，特定の活動に要する基礎資源を外部から取り入れ，それを活動展開に即して効果的に組合せ処理することで，一方では集団内的および集団外的産出物としての活動成果へと変形し，他方では内部構造を構築し，それに基づく具体的な活動展開から独自の集団内メカニズムや特有の文化体系を形成してくる。職場集団は，こうした特質を典型的に具現化している集団でもある。

　この集団の基本構造は，一般に地位―役割構造とコミュニケーション構造，感情＝情緒構造の三つに大別され，それらの密接な相互連関の全体として捉えられる。地位＝役割構造とは，集団の基本的な機能充足要件と直接かかわるもので，たとえばパーソンズが描き出したシステムの独自性や自律性を確保する境界維持機能としての環境適応（adaptation），目標達成（goal gratification），統合（integrative-expressive sign management），潜在的パターン維持と緊張処理（latent-pattern maintenance & tension management）の四つの働きに代表されるもので，これら機能要件の充足が集団の存続性や安定性を確保する上での最低必要充足条件であり，その必要性に応じた地位―役割構造の分化が生ずることになる。これは，集団自体が外部環境の変化に絶えず一定水準以上の適応性や適合性を確保し，目標達成―実現に向けた日常的な活動展開と各構成要素間の相互調整に基づく一つのまとまった統合状態を常に全体として生み出しつ

図表 3 − 1　集団の構造

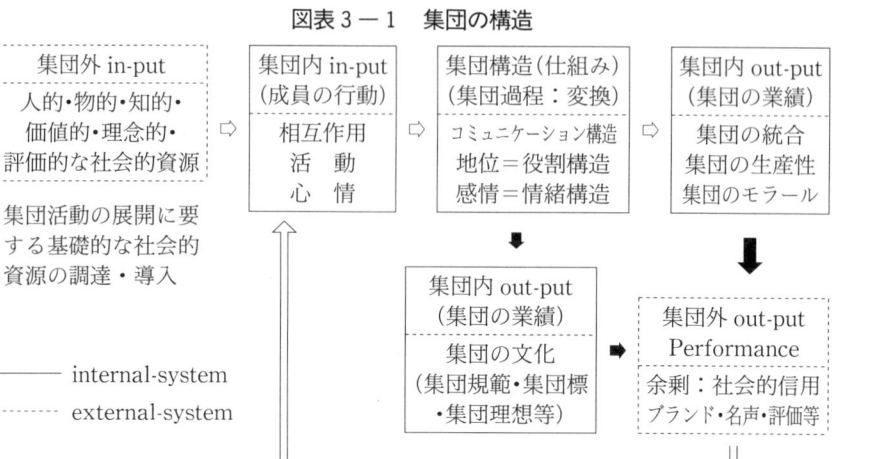

```
┌─────────────┐   ┌─────────────┐   ┌─────────────┐   ┌─────────────┐
│ 集団外 in-put │   │ 集団内 in-put │   │ 集団構造(仕組み)│   │ 集団内 out-put│
│ 人的・物的・知的・│⇒ │ (成員の行動) │⇒ │ (集団過程：変換)│⇒ │ (集団の業績) │
│ 価値的・理念的・│   │ 相互作用    │   │コミュニケーション構造│   │ 集団の統合   │
│ 評価的な社会的資源│   │ 活　動     │   │ 地位＝役割構造 │   │ 集団の生産性 │
└─────────────┘   │ 心　情     │   │ 感情＝情緒構造 │   │ 集団のモラール│
                    └─────────────┘   └─────────────┘   └─────────────┘
集団活動の展開に要
する基礎的な社会的
資源の調達・導入
                                      ┌─────────────┐   ┌─────────────┐
                                      │ 集団内 out-put│   │ 集団外 out-put│
                                      │ (集団の業績) │ ⇒ │ Performance │
──── internal-system                  │ 集団の文化  │   │余剰：社会的信用│
┄┄┄┄ external-system                  │(集団規範・集団標│   │ブランド・名声・│
                                      │・集団理想等)│   │評価等       │
                                      └─────────────┘   └─────────────┘
                           ←──────── feedback ────────
```

出所）青井・綿貫・大橋『集団・組織・リーダーシップ』培風館　1962 年　p. 84 の修正図

つ，集団内に発生するさまざまな緊張―葛藤関係をスムースに調整処理し，目標達成に向けて絶えずメンバーを動機づける必要性があることを意味している。

　コミュニケーション構造は，代表的な構造特性としてメンバーの中心性――すなわち職場内の職位や個々の従業員の占める位置づけ，職場の雰囲気やメンバーの一体化，ロイヤリティなどと関連し，直接的には集団内情報回路（収集・処理・伝達）の布位置状態を意味している。同時に，それがメンバーの職務遂行や問題解決行動，リーダー――フォロアー関係，職場生活の満足度などに大きな影響力を有する点でも注目される。従来からメンバーの発するコミュニケーションの質や頻度とそれを受け取る頻度や受容態度などに応じて集団内の地位―役割構造やメンバーの意欲，期待や関心の充足，集団の全体的な影響力などに異質性を生ずる点が明らかにされ，たとえば集団活動における問題解決や課題遂行能力において，コミュニケーションの中心となる特定個人（リーダー）を中心にメンバー全員が密接な相互関係を保持する場合にもっとも高い集団効果を発揮し，集団内でより中心性の高いメンバーがリーダーシップをとり

やすい傾向性にあり，集団同調性の度合いも高くなることが指摘されている。

　また，職場生活の満足度も，メンバー相互に対等で緊密な協力的・協調的コミュニケーションが図られる場合にもっとも高くなる傾向にあり，集団統合度の一指標である職場の凝集性（cohesiveness）という点でも，メンバー間のコミュニケーションが職場の良好な人間関係を形成する基盤として重要な側面を構成することが明らかにされている。すなわち，職場集団におけるモラールや一体化，動機づけの度合い，目標達成活動や集団規範への同調度や貢献意欲，個人的な誇りや献身度等がその具体例となる。一般に，これらの度合いが高ければ高いほど集団内の人間関係も良好傾向を示し，同時にスムースなコミュニケーションが維持されやすく，情報の流れも順調であるといえる。もちろん，これには他の要因の関与──たとえば上位の組織管理システムや意思決定方式，リーダーシップのあり様，外部環境の状況，メンバーの個人的能力やかかわり方などの媒介要因の影響もあり，現実の最適構造を一律的に画一化して論ずること自体難しいともいえる。

　感情─情緒構造は，メンバー間の相互作用やコミュニケーションの質的─量的側面を規定し，集団の基本的性格を大きく左右するもので，メンバーの愛着や欲求充足の状態，集団の凝集性やメンバーの結合強度，価値や理想の共有度，モラールや動機づけ，ヤリがいや働きがいなどは，職場内の人間関係や職場生活の質，集団業績等を具体的─実質的レベルで決定する重要な要因となっている。ここではその一例をモラール（moral）で簡単に説明しておくことにする。

　本来，モラールは広範な内容をもち，広義には個人が所属集団によって与えられた課題の達成にさいして集団効果を高めるよう努力させ，希望に満ちた精力的なコミットメントを誘発─確保するよう機能するメンバーの生活上のあらゆる原動力を指している。より一般的には，集団や組織メンバーが与えられた目標達成に向けて自発的に協力・貢献しようとする姿勢やその心理的状態を意味することが多く，職場の緊密な人間関係や良好な雰囲気を生み出す基盤であ

ると同時に，その維持—発展を基礎づける性格特性をも内在化している。したがって，職場や企業組織内でのモラールの高さは，そこで示された諸決定や合意を前提とした自発的・能動的な態度や好意的構えとなってあらわれ，前向きな生産的活動への一定水準以上の貢献を伴う。かつて尾高邦雄は，職場の実態を焦点とした場合のモラールが，仕事への満足や職務に対する愛着，仕事の意義の自覚ややりがい，集団への帰属意識，職場の凝集性や団結力の強さ等による集団内の「人の和の度合い」に依存するもので，それを規定する基本要件として仕事の内容，機械設備や作業場の物理的環境，作業方法や作業時間等の作業条件，昇進—昇格や昇給等の処遇，職場の集団としてのあり方，直接の管理監督者の指導のあり様，マネジメント方式，労働組合の性格とその社会的地位，企業外環境（政治・経済・文化等）条件，従業員の年齢や学歴，勤続年数，熟練度，価値観などの個人特性等が存在すると指摘している。ともあれ，モラールは基本的に職場のあり方とそこでの実質的な職場生活の状態に大きく依存するもので，これを高める前提として何よりも与えられる職務自体が彼らに満足や充実感，役割意義や誇りをもたらすものでなければならない。仮に現在の仕事からそれをさほど得られないケースでも，たとえばそれを代替—補強可能な処遇や労働条件面でのアップ，側面的な職場の管理運営システムの民主化や弾力化，経営参加方式の導入などのフォローが期待できる状況を組み込むことで，ある程度代替的に高めうる点も指摘できよう。さらに，職場のインフォーマルな人間関係やより高い凝集性を喚起可能な魅力ある人間関係のネットワークへの改善努力等も重要なものとして指摘できよう。

　近年の先進工業国を中心としたQWL（quality of working life）改善への動向に象徴されるように，高度産業化社会に生活する人びとは経済成長による物質的・経済的な豊かさの享受を背景に生活様式や価値観の多様化した中で，職業生活の充実や職業労働の人間化を焦点としたその意義とそれに基づく生活の質的充実や向上への摸索を真剣に追い求めている。一方，IT革命に象徴される高度情報化の動向は，新時代の職業や職業観，新しい時代にマッチングした

働き方や就労意識を目覚めさせてもいる。こうした動向は，単に企業経営上の問題に留まらず，従来の企業組織のあり方やそこで働く人びとが直接かかわる組織末端の職場集団でより切実な現実問題として表面化しやすく，後者の職場生活全般の質により凝縮されて顕在化してくる可能性も残されており，今後その存在そのものを根本的に問われかねないだろう。ここで取り上げた職場集団の構造特性は，正にこれと直接的に結びつく諸問題でもある。

(2) 職場生活を規定する集団内メカニズム

集団は複数メンバー間の相互作用の体系として一定の環境下で存続および発展可能性を創出し，維持するための比較的安定した持続的なメカニズムを必要としている。この主要な集団内メカニズムは，報酬や地位，役割，規範といった代表的なシステムとそれらの相互間の組み合せ状態の全体から生み出されている。

報酬は個人を集団へと誘引し，独自の目標達成や集団効果を生み出す活動へと貢献させる力となるもので，メンバーの欲求充足や動機づけの源泉として働く。かつてホマンズとリーケンは，この報酬に外的報酬と内的報酬の異なる2タイプが存在することを明らかにした。前者は，たとえば賃金や昇進—昇格，諸手当などの物質的—経済的な外面的性格のもので，後者は，たとえば仕事の充実感や達成感，社会的威信やプライド，仲間や周囲の信頼感，尊敬，存在感のような人間関係や獲得されたメンバーシップから得られる精神的—心理的な内面的性格のものである。これらが集団内では互いに関連性をもちながら，たとえば個人の生活経験や過去の報酬体験を含むキャリアに規定され，相互のウエイトづけやプライオリティの差異性を生み，メンバーの活動へのかかわり方や貢献度を左右し，その有効性にも違いを生み出してきている。ともあれ，このシステムは，メンバー個人の動機や目的を集団的エネルギーへと社会的に転化させる典型的な装置として機能している。

地位システムは，集団内の人間関係を安定化させ，コミュニケーション・ネ

ットワークのチャンネル化やメンバー間に生ずる差異に基づく具体的報酬に一定の潜在的な規定性を与えるものとなっている。職場集団では，他のメンバーの位置づけを知ることが自らの位置づけを明確にすることに通じ，相互の安定的な望ましい関係のあり様を考える第一歩となる。この事実は，地位に関する相互認識の確立が集団全体の安定性の確保や役割の再構造化を促進する基本条件であることを意味する。とくに，フォーマルな性格の強い職場集団では地位システムがより上位の組織構造内で序列化される（職階）関係で，それがフォーマルなコミュニケーション・ネットワークとして機能し，情報や意思決定の正式回路として指揮命令系統の働きも担う結果となる。また，地位はそれに見合う報酬を伴うことで初めて独自の位置づけと存在意義をもちうることになり，同時に他のメンバー（同僚や上司，部下）からの実現を期待された一連の望ましい行動様式（役割）が付与され，その遂行・実現度に応じた内的および外的報酬を獲得することになる。したがって，ある個人が職場集団で独自の位置づけを維持しうるのは，彼がその役割期待を実現ないしは充足する限りにおいてであり，その限りで独自の報われ方や処遇が保障され，一定の地位に留まり続けることが可能となる。企業組織で働く多くの人びとが職場での高い地位を求める背景には，こうした地位の潜在的な機能的側面が存在し，それがより多くの魅力や誘因提供の可能性を保障されるからであり，仮にある程度ハードな労力や負益を課せられるとしても，それを埋めて余りある報われ方があるからで，その魅力や誘因こそ地位システムを背後で支える基盤になっている。

　役割システムは，地位システムと不可分の関係にあり，より上位の企業組織全体の協働関係のシステムとして序列化され，厳密な相互連関に基づく職務遂行上のネットワーク（ヒエラルキー）を構成している。その展開過程は，独自の目標達成に対する機能的最適性（最大有効性）の原則に導かれた効率的な役割分担（仕事の配分）と最適な人的資源（メンバー）の配置，役割取得（role-taking）を前提に，メンバー相互間の働きかけや期待の相補性の実現—充足過程ともなる。したがって，集団内の各メンバーが具体的にいかなる活動や行動

パターンをとるか，またいかなるパーソナリティ特性（性格や能力，気質）や特有の知識，技術水準を有するかなどといった担われる役割の性格や個人の潜在的能力に関する認知と評価をも可能とし，他方で互いの特徴づけの手段としても機能しながら，相互理解や他のメンバーに対するパターン化された反応様式（予測）を高め，円滑な人間関係の基盤ともなる。また，個々のメンバーがフォーマル—インフォーマルに他のメンバーからいかなる充足期待をもたれることになるかは，つとめて内的報酬の問題と関連する点も見落せないだろう。

規範システムは，主として集団活動や集団生活上のルールを規定するもので，前提となる約束事やメンバーに共通する価値判断，標準的な行動パターンの枠組みの組織化として成立する。もちろん，それは単なる暗黙の了解から慣習化された思考—行動様式や明確な義務と責任，罰則を伴う規則のような拘束性の高いものまでそのレベルはさまざまで，内容的にもけっして一様ではないが，このシステムの存在により，役割遂行に伴う権限—責任関係や報酬，賞罰などの正当性の基盤が確保され，メンバーのなすべき行動となすべからざる行動とに関する共通認識の基盤の共有化が促進され，正当な根拠に基づく相互調整と統制，統合機能の発揮が可能となり，集団としての望ましいスタンダードな生活様式をつくり上げている。と同時に，規範のシステムはグールドナーやマートンらの官僚制の逆機能の研究にみられるような集団内緊張関係の緩和機能だけでなく，反面で生ずる強化機能の側面をも有する点で，たとえば職場集団で頻繁に問題視される「休まず，遅れず，働かず」といった3ず主義の弊害や迅速で柔軟な環境適応性の喪失といった次元の問題との関連性も見落すことができない。

3−2 職場集団と仕事の動機づけ効果

(1) 仕事への動機づけと欲求充足

動機づけは，個人に行動を喚起し，特定目標へと方向づけるエネルギーを意

味し，このエネルギーの供給過程を通して個人の内面に何らかの主観的反応——たとえば満足や不満，充実感，充足感といったものを結果として引き起こさせるものを指している。通常，組織や集団の日常的な具体的活動は，それへと動機づけられたメンバーのさまざまな行動が生み出す貢献の総体から成立する。かつてバーナードやマーチとサイモンが強調したように，有意な人間の集団的行動の成果や組織的活動の有効性を誘発するためには，構成メンバーの質の高い貢献意欲が前提として必要で，それを刺激する一定の配慮や誘因提供の可能性（組織充足性）を高めて行く努力が必要不可欠な前提条件となる。

一般に，動機づけは個人にとって望ましい行動目標の達成や特定の対象への接近，獲得，達成結果による状態変化など欲求を反映したものである。このように動機づけの問題は欲求（充足）と密接に関連していることから，欲求についてみてみる必要がある。「欲求」については心理学・社会心理学や社会学の分野で種々の理論がみられるが，ここではその中でも，マレー（E. J. Murray），タマスとズナニエッキ（W. I. Thomas & F. W. Znaniecki），フロム（E. Fromm），エチオーニ（A. W. Etzioni）やマズロー（A. H. Maslow）などの理論について簡単に述べることにする。

欲求の包括的なリストアップの例としては，臨床心理学の豊富な実践経験に基づくマレーのものがよく知られ，人間の基本的欲求が屈従，達成，親和，攻撃，自律など約20種ほど（研究時期で若干異なるが）のタイプ化がなされ，これらが個人パーソナリティ内部での優位性を基本に，その都度の充足の必要性の高い最強欲求が個人を特定行動へと動機づけているとした。また，社会学の領域でも，古くはタマスとズナニエッキの『ポーランド農民』で新天地アメリカ社会での複雑な文化的葛藤や社会的不適応現象の背景要因として洗い出された社会生活を営む上で最低限充足を必要とする基本的な四つの願望（four-wishes）——安全，感情的反応，社会的認知，新しい刺激や経験を求める願望や，フロムの『正気の社会』で人間を搾取的な構えや自我喪失といった破壊性や破滅への道を回避させ，生産的な構えや愛と精神の健康を維持し，創造性へ

導く人間固有の充足を必要とする欲求——関係づけ,克服,固着,同一性の感覚,志向性や信仰・献身の枠組みを求める欲求,エチオーニ (The Active Society) の中で社会構造の欲求充足機能の柔軟性の限界を描き出す過程で洗い出された四つの基礎的人間欲求——感情,承認,調和,反復的充足への欲求と二つの派生的人間欲求——報酬配分の安定性,社会構造上の多様性を求める欲求などがよく知られている。

　欲求優勢度仮説(マズロー)モデルで知られるマズローは,人間行動が欲求満足化の基本原理に従うとして,その充足を求める欲求の基本的次元が生理的欲求(生命維持),安全・安定欲求(自己保存),帰属・親和・愛情欲求(人間関係),尊敬・承認・地位欲求(人間的尊厳),自己実現・自己表出欲求(自己成長)の5タイプあり,それらが人間の生物的存在性に不可欠なより基礎的な低次欲求からより高次の人間的な欲求へと,その優勢度(prepotency)に応じて逐次的に移行していく階層構造を形成していると捉えている。すなわち,人間は満足化されていない欲求次元の強度により内的緊張状態を生じ,その解除に向けて何らかの充足行動が引き起こされ,内的緊張の解除により飽和欲求化されてもはや同一行動を動機づける持続力が低減する。この過程で最高次の自己実現欲求だけが異質な特性を示し,他が自己の内的な欠乏状況を外部環境に働きかけ目的志向的に充足しようと動機づけられるのに対して,自己を外部環境へと表出し続け飽和化することなく動機づけ効果をもち続ける点も明らかにしている。その後,多くの研究者によってマズローモデルの実証的追試が展開され,とくに同一欲求内の欲求強度とその充足度とが必ずしもマイナスの相関関係を構成するとは限らず,また階層的に隣接する欲求次元間においても必ずしも指摘されるようなプラスの相関関係を示さないという否定的な検証結果も明らかにされている。ともあれ,このモデルに従えば,職場で働く人びとの動機づけが画一的なものではなく,たとえば経済的・物質的な生活の糧や失業の心配のない雇用保障,安定・安全就労,職場の良好な人間関係,正当な評価や処遇,仕事や職場生活を通した自己の能力発揮や自己成長などきわめて多面的

で，それに見合う報われ方や誘因の提供が必要不可欠な前提であることを明示するものでもある。

(2) 仕事の内的規定要因

シェインは，人間欲求の捉え方が時代の変化を反映し，人が仕事を通していかに欲求充足を果たしうるかという疑問への解答を導き出すための動機づけ仮説モデルの歴史的変遷過程で，具体的な動機づけ手法の時代ごとの特徴を象徴するものでもあると捉えている。たとえば，アダム・スミス以来の科学的管理法に代表される経済人＝機械人仮説モデルでは人間の経済的欲求を，人間関係論の社会人仮説モデルでは社会的欲求を，また初期の行動科学の自己実現人仮説モデルでは自己実現（成長）欲求をそれぞれ焦点化し，その充足可能性を高める手段として，前二者では仕事の外的規定要因への着目が，後者では仕事の内的規定要因への着目がそれぞれなされてきたのに対して，今日の主流である現代行動科学に代表される複雑人仮説モデルでは，人間の多元的欲求を焦点とした仕事の多面的な規定要因への配慮や職場集団・組織環境サイドの状況制約性＝適合性との関連も視野に含む広範な着目が試みられていると指摘している。すなわち，賃金や作業環境，労働条件，職場の人間関係などの仕事（職務）外要因への関心から，仕事そのもののもつ魅力やヤリがい，職務満足などの仕事内要因への関心，さらに単純な仕事対応的な内的＝外的規定要因と動機づけのダイレクトな相関モデルから，両者間の多様性や媒介変数としての組織・集団特性や状況変化への関心を含む説明モデルへと変化している。この歴史的変遷の概要は既に前章で触れた通りで，ここではとくに仕事の内的規定要因への着目例を中心に代表的な研究成果を概観しておくこととする。

この代表的なモデルであるマクレガーの"X理論＝Y理論"モデルでは，従来の伝統的モデルが人間を生理的欲求や安全・安定欲求に支配された自己利益の追求と金銭的報酬の獲得を目指す存在とみなし，その前提から組織や仕事の最適性を考え，高度に階層化された中央集権的な意思決定システムによるト

ップダウン型コントロールを基本に職務遂行パターンを描き出してきたとして，このモデリングをX理論（仮説）と呼んだ。このXモデルでは，人びとが生来怠け者で仕事を嫌い，命令服従を好み，自己責任を回避し，何よりも自己安全と安定第一を望むと同時に，金銭報酬や罰則への恐れに強く動機づけられる存在として捉えられる。こうした信頼や責任感，自律性の欠如した人びとのマネジメントには，厳格な規則や命令，処罰といった強制的手段による仕事のシステム化と厳しい統制下での詳細な指揮監督が求められる。しかし，この方法は人びとの教育や生活水準の向上した民主的社会では有効性をもちえず，むしろ逆に人びとを自律的行動主体として捉え，社会的欲求や尊厳，自己実現欲求に動機づけの原点を求めるマネジメントが必要で，人間の本性と意欲の原動力に関する正確な理解を踏まえた実践方法の開発が急務であるとして，この対極的なモデリングをY理論（仮説）として展開した。このYモデルでは，人は外的強制力によらずとも仕事を遊びや休息と同様ごく自然に受け留め，報酬や充足欲求のいかんによって目標達成に献身し，自主的・創造的に自己管理を行い，安易な責任回避もない存在とみなされる。それゆえ，働く人びとの仕事を通した潜在的能力や可能性を触発するマネジメントが強く求められる。いい換えれば，職場の問題解決や課題遂行に際して比較的ハイレベルな想像力や創造性を発揮しうる知的潜在能力を有するが，現状のシステムは逆行する抑制パターンが一般的で，したがって彼らの貢献の有効性が同時に欲求充足へ結びつくような「統合原則」――Yモデルによる基盤づくりが緊急課題とされる。その具体的施策として，自己目標と自己管理，能力開発の促進，参加型諸制度の確立，リーダーシップ訓練などの必要性が指摘されている。

　また，アージリスの"成熟理論（アージリス）"モデルでは，人びとが職場において未成熟な存在とみなされ，ほとんどの組織が官僚制的なピラミッド構造とX仮説型価値体系に基づくマネジメントを展開している点に着目し，それが今日的な組織問題の誘発母体であるとの認識のもとに現状分析を行い，人には人格の完成や自己実現が重要な意味をもち，企業組織もこの基本的な人間

欲求に一層の強い関心を払う義務と必要性があり，その方向性に添った組織改革や職務充実を図ることで生産性の向上が期待できる点も明らかにした。すなわち，現在の一般的な仕組みでは組織目標に直結した人間関係が重視され，その有効性がメンバーの合理的行動と理性的コミュニケーション，トップダウン型の慎重な指示や権威，賞罰に基づく統制などに依存し，それらがハイレベルな効果を誘発する基本と考えられているが，こうした関係からは実際相互の信頼性に欠けるまやかし的な組織状況が生まれ，職場内の対人関係機能の低下や心理的安定性の欠如，相互不信，集団間対立，組織硬直化が助長され，ひいては組織の効率低下や問題解決能力の剥奪へと進みかねないとして，人間本来の成熟過程に準拠し，生活と仕事に不可欠な複雑な欲求構造をもつ存在と認めた上で，仕事や職場環境，組織構造とのかかわりに影響力とその有する能力に応じたチャンスが与えられるような魅力的でチャレンジングなものへ変革する努力が求められると指摘している。また，人間の成熟過程には，幼児期の受動的行動パターンから成人の能動的行動パターンへの変化や依存状態から相対的自律へ，限定行動様式から多様化へ，軽薄な関心からより明確で深い複雑な関心へ，短期的展望から長期的展望へ，全面的従属から識別的同等や優越的状態へ，自己認識の欠如から自覚的自己統制へと向かう連続的変化があり，そのそれぞれの成熟度に応じた欲求の顕在化や仕事を通した最適なパーソナリティの獲得，健全な自己実現を強く求めるようになり，漸次成熟段階へ向かうとしている。

とはいえ，成熟を求める個人欲求も，職務限定や特殊化，指揮命令系統のヒエラルキーと統制範囲の限定を前提とするフォーマル組織内ではおのずと一定の制約性を課せられ，職場状況にも最小限の影響力しか行使しえず，受動性や依存性を期待された未成熟段階の行動パターンに留まらざるをえない不適合と不充足状態に置かれることが多い。この矛盾的な不適合関係が組織内的悪循環を誘発し，メンバーの無気力や無関心，組織への敵意，能率低下等の組織崩壊への病理的現象を生む源泉となる。こうした最悪のシナリオを回避するために

は，仕事や職場生活を通した人間的成熟を促進・保障する職場環境と，多様な能力発揮の機会を含む職務拡大――たとえば参画的意思決定やフィードバックと自己調整メカニズムのシステム化，職務権限と自己責任の付与，組織要請と個人欲求を媒介調整する現実即応的な効果的リーダーシップによる融合努力などが，メンバーおよび組織双方に有益かつ必要である点も明らかにしている。

これに対して，動機づけ―衛生理論モデルで知られるハーツバーグでは，人的資源の有効活用の重要性と職務満足―不満要因が問題とされ，人間がなぜ働くのかに関する当時の基本認識を覆す決定的なインパクトを残した。彼はモースナーやシュナイダーマンとの共同研究から，組織で働く人びとが仕事を通していかなる欲求充足を求めているかという視点からの動機づけの究明を進め，ピッツバーグ周辺の11企業約200名のエンジニアと経理事務担当者に過去の職務経験から際立ってよいと感じたエピソードと逆の不満に感じたエピソードに関する面接調査を実施し，その内容分析から当該経験の規定要因の解明を行った。その結果，前者には職務遂行や達成度，責任や承認など仕事そのものと昇進に関するものが，後者には給与や対人関係などの職場環境や労働条件，企業方針や政策に関するものが含まれ，両者が明らかに異質な規定要因として人びとの行動に影響を及ぼすことを明らかにした。すなわち，職務満足と不満とはまったく異質な構成次元で，その規定要因も一般に考えられているように同一次元上の充足と欠如によるものではなく，人間の異質な本性――欲求領域から生じ，仕事上の異質な要因群と関連する。人が職務不満を感じる時はもっぱら作業環境や労働条件，職場のあり様に，逆に職務満足を感じる時はもっぱら仕事自体にそれぞれの関心が向くか関係することを発見した。前者が人間の「アダム的本性」と呼ばれる環境からの生理的苦痛の回避と関係し，人間の動物的欲求とそれに導かれる学習された特殊社会的な欲求（安全・安定欲求，危険回避欲求）に由来するもので，不満の抑制―強化機能を有する「衛生（環境）要因」に規定され，後者が人間の「アブラハム的本性」と呼ばれる仕事を通した精神的成長と関係し，環境制約性を超越して自己の個性化と自己実現を

図表 3 — 2

スタイル	リーダーシップ	業績	信頼関係	組織目標設定・意思決定方式	動機づけ・欲求レベル	統制機能	インフォーマル
システム1	独善的専制型（課業志向型）（高度剛構造組織）（権威主義的）	普通	恐れと不信感（信頼関係なし）	top-down（参画ほとんどなし）	生理的・安定欲求 恣意的懲罰と報償（アメとムチ；恐れと脅し）	トップ完全集中	対抗的集団の発生傾向が強い
システム2	温情的専制型（X仮説類型）	やや良好	恩着せがましさ わざとらしさ 部下に恐れと警戒が見られる（主人と召使いの形式的接触）	基本はtop-down（限定範囲内で下位レベルの決定も認められる）	報償と懲罰（罰のほのめかし）	トップ集中・一部下位への権限委譲	必ずしも対抗的傾向を示すとは限らない（発生頻度は普通）
システム3	上下対話型（Y仮説類型）	良好	全面的ではないが相当程度あり（接触かなり頻繁）	基本方針・全般的決定はtop-down 低位レベルの個別問題処理は下位決定を認める（垂直的コミュニケーションの展開）	報償を中心に時に懲罰 ある程度の参画方式が採用される（自己実現欲求）	責任の共有意識のもとにかなりの部分が下位レベルに委譲される	インフォーマル・グループ発生も見られるが協調的傾向性がある
システム4	参画型（協働志向的）（チームワーク・相互信頼的）	卓越的	全面的信頼関係（広範緊密な接触）	広く組織全体で展開・統合されている（垂直＝水平的コミュニケーションの展開）	報償制度の策定・遂行目標の設定・仕事の改善・目標達成過程の評価等に参画・関与が認められる	下位の職場単位レベルまで完全に責任を分掌	協力的・協調的性格を示し、フォーマル組織と一致するケースも珍しくない

求めるもっとも人間的な欲求に由来するもので，ハイレベルな業績達成機能を有する「動機づけ（意欲）要因」に規定される点を識別した。したがって，職務に外的な衛生要因の欠如は不満を生むが，その改善や整備充実が直接満足を生み出すものではなく，満足は職務に内的な動機づけ要因に依存することになる。したがって，メンバーの質の高い貢献意欲を喚起するためには，一方の衛生要因の改善や最適化に加えて，メンバーの人的資源としての価値を高めうる効果的な活用を含め，もう一方で直接動機づけ要因として働く職務充実が必要不可欠となる。また，この点と関連して，人間の精神的成長には職務自体の垂直的負荷の増大と高度化が不可欠な要素で，そうしたチャンスを与えうる職務設計上の配慮が求められる関係から，統制の緩和や個人責任の強化，職務完結性の付与，自由裁量の拡大，職務遂行結果のフィードバック，職務遂行課題の高度化とチャレンジ，職務専門性の付与といった一連の職務充実・拡大に向け

た方向性の示唆もなされている。

　また，リカートを中心するミシガン系グループは，従来軽視されてきた人的資源の重要性に着目し，それを資本財同様に主要なマネジメント対象とすべき点を強調する。彼らは従来の組織行動科学の研究成果や豊富な実践的変革事例の分析を通して，一般的なスタイルが図に示すシステム1からシステム4への連続的な延長線上に位置づけられる事実を見い出し，これに基づくメンバーの所属組織に対する評定技法を開発し，異質な組織での実践的検証も進めている。なかでも，マネジャを対象とした高生産部門と低生産部門に関する研究では，高生産部門ほど例外なくシステム4に近似する特性を示し，持続的に高生産性を維持し続けていることが明らかにされ，逆にシステム1に近づく組織ほど生産性の低下傾向を示す事実も見い出されている。

3－3　職場集団の人間行動と人間関係

(1)　職場集団の人間行動

　職場におけるフォーマルな組織的行動は，たとえばヴァリーの規定に従えばある特定の行動パターンの集合がメンバー間の継続的な相互依存的行為の連鎖によって別の行動パターンへと移行する連続的な動態現象を意味するものと捉えられる。したがって，企業組織や職場集団の構造＝機能特性を接合し，メンバー個人の属性を媒介する不断の活動連鎖からその全体が構成されるものとなる。具体的には，たとえば意思決定やリーダーシップ，コミュニケーション，パワー関係や影響力，コンフリクトの解消や集団内調整と統合，制御のネットワーク等から構成されると考えてよいだろう。

　周知の通り，職場集団は企業のフォーマル組織の末端に位置づけられる関係から，その構造に規定され，かつ実質的な活動基盤が構築されている。したがって，この構造を通して展開される実質的な一連の活動過程がメインとされ，インフォーマルに形成される特有の行動様式との二重構造を形成している。こ

の両者間の関係については，すでに人間関係論モデルで触れたので重複を避けるが，厳密には職場集団の人間行動が，一方での職務遂行行動の連鎖と相互補完的なメンバー間の協働関係のダイナミズムに支配され，他方での自然発生的な仲間集団の期待の相補性を基本とするインフォーマルな欲求充足行動との二面性を通して捉えられる。もちろん，これらはメンバー行動の単純な総和を意味するものではなく，同時に二重の条件依存性の下でなされる相乗効果を期待された集合的行動の複合態でもある。

　ここで問題になる第一の問題領域は意思決定で，各メンバーの行動がどのように展開されているかを解明することにポイントが置かれている。人間行動の契機は意思決定に求められ，その基本的メカニズムの解明が焦点とされる。人間の集合的行動の契機もまた，したがって集団的に展開される意思決定のメカニズムの解明を必要としている。かつてサイモンは，これが情報とデザイン設計，選択，検討（レビュー）の四つの活動内容から構成される一定のプロセスとして捉えられると指摘した。情報活動とは意思決定に要する諸条件の探索を，デザイン設計活動とは情報活動に基づき意思決定を行う際にとり得る可能な代替的活動のコースのバリエーションの開発と分析を意味し，また選択活動とはデザイン設計活動に準拠した複数の代替コースからある特定の実現可能な最適案を選択することで，検討活動とは過去の選択とその結果に対する評価検討を具体的にレビューすることを意味している。いうまでもなく，個人のケースとは異なり，職場における意思決定はそれが集団としてなされる活動という点に特徴があり，当然ある特定の決定が複数個人の関与によって分担されるケースも多くなる。すでに触れたように，ある特定の意思決定が次の意思決定の前提となり，さらに次の意思決定に要する情報活動へと連鎖的に結びついて行くことから，企業組織や職場集団自体がすでにこの四つの活動プロセスから構成される意思決定のネットワークでもあるといえる状況にある。

　第二の問題領域は影響力で，メンバーの意思決定を共通目的の達成へといかに統合していくかの問題がある。通常，構成メンバー間の協働関係は，各メン

バーの意思決定が一定の方向性をもった形で統合化されることを前提基盤としている。すなわち，個々バラバラな方向性のもとでなされる意思決定では，協働関係のシステムに多様な可能性を誘発する結果となり，その有効性を高めることが難しくなるばかりか，その関係自体が崩壊する危険性を招きかねない。したがって，組織や職場集団はその基盤となるさまざまな影響力の体系を具備し，それによって各メンバーを共通目標の達成に要する諸活動へと積極的に動員，貢献させ，より有効性の高い効果的な協働関係を誘発させるよう機能する意図的な働きかけを必要としている。具体的には，権限やリーダーシップ，情報伝達，教育訓練，さまざまな報酬や賞罰（誘因提供），組織や集団内諸慣行等がそれに当たり，その具体的な内容と機能が明確にされねばならない。また，その誘発基盤として実際に活用される手段や技法は多様で，たとえば示唆や助言，説得，激励，命令や圧力による強制，理想的なパターンの呈示（推奨）等が代表的なものとして指摘できる。さらに，これらを媒介し，一定の有効性を創出する役割を担うものがコミュニケーション・ネットワークであり，その機能的な有効性を高める効果的な基盤を提供するものが目標適合的な教育訓練システムや適切なリーダーシップ，組織や集団文化のあり様とメンバーへの浸透で，影響力はそれらの度合いに大きく依存すると考えてよいだろう。また，この影響力の誘発能力を通常は勢力（power）と呼ぶが，それは他のメンバーの必要とする諸要因を操作化する働き——したがってその行動パターンを大きく左右するような規定力を指している。その中核を構成するものが権限（authority）ないしは権威（dignity）と呼ばれるもので，共に組織や集団の影響力を誘発する制度化された権利体系として機能するケースが一般的である。とくに，前者は職務遂行に要する職位に配分される制度的パワーであるのに対し，後者はメンバー個人のパーソナリティ要因や諸見識に源泉を有する純個人的パワーである点に両者の相違が存在する。ともあれ，本来パワーは組織や集団内で個人の占める地位にかかわりなく，その顕在性や潜在性のいかんを問わず，各メンバーが他のメンバーに対して独自に保有しうる性質のものでもあ

る。

　従来の伝統的な考え方では，その影響力の有効性が権限の合法的行使に求められてきた（権限説）が，合法的権限はその必要条件であっても必ずしも十分条件とはならず，その正当性の基盤もメンバー自体による理解や納得，積極的支持といった一定の受容態度やその度合いに依存し，その上で実際の行動へと具体化したときに始めて生ずるものである関係から，その受容度合いに大きく規定される性格のものとなる（権限受容説）。また，この権限受容の前提条件には，大別して四つの代表的な発現可能性が存在し，その第1は権限内容の理解可能性に当たる了解性，第2は共通目的との整合可能性やマッチング度に当たる正当性，第3はメンバーの利害関心との両立や欲求充足の可能性に当たる充足性，第4は現実化や具体化，実行可能性に当たる実現性で，そのそれぞれの基本次元ごとの受容度合いと実際の遂行職務の体系とに依存する点も忘れてはならないだろう。

(2) 職場集団のリーダーシップ

　組織や職場集団の影響力の誘発母体は，もっとも一般的にはリーダーシップに求められている。かつてバーナードは，「信念を創出することで協働する個人的意思決定を鼓舞するような個人の力」を意味し，メンバーが互いの共通理解に立脚し，成功への確信をもち，協働関係の効果が個々の活動への動機づけや貢献意欲を充足しうるもので，かつ協働目的が常に個人目的に優先するという確信状況をつくり出すことだと指摘したが，その現実のあり様は組織や職場集団の業績水準や活動効率を大きく左右すると考えられ，同時にメンバーを共通目標へと方向づけ，全体のまとまりを維持するための影響力の行使過程でもあり，通常は組織や職場管理者によってなされる行動パターンと解されている。

　古い時代のリーダーの資質や特性に関する議論を除くと，このテーマに関する本格的な研究は，レヴィンの指導のもとにホワイトとリピットが進めた社会

的風土（social climate）に関する実験的試みに始まると考えてよいだろう。彼らは，民主的・専制的・放任的（リーダーシップ）の3タイプのリーダーの行動様式の違いがメンバーの行動や態度，集団業績に与える規定性を問題とし，とくに質的側面において民主型が，量的側面において民主型と専制型がそれぞれ優れ，かつ民主型で集団の雰囲気がもっともよく，専制型でメンバーの攻撃的反応があらわれる点を明らかにした。また，カッツとカーンは，リーダーシップの基本スタイルに部下へ配慮と効率的な作業集団づくりを特色とする従業員中心型と，規定方法や手順に従って忠実な職務遂行を求める仕事中心型の2タイプが存在する点を明らかにしたが，一般には前者で職場の生産性が高いことも知られている。なかでも，先の仕事の内的規定要因との関連で触れたリカートは，リーダーシップの有効性が集団内部の諸状況に強く規定される点に着目し，その相互依存関係がモラールの相違を媒介に，長期的な職場業績に違いを生み出す4つの異質なスタイルを抽出した。この分析結果に基づいて導き出されたものが有名な「支持的関係の原理」で，リーダーには部下の期待や価値観，対人関係的技術を考慮しながら自らの行動を集団に適応させることの重要性が明らかにされた。また，彼の構想を発展させたパワーズやシーショアらは，支持的関係以外に相互作用の促進や目標の強調，仕事の促進と仕事や管理者，収入，会社への満足度，企業コストや企業成長との相関分析を進め，とくに同僚集団の有するリーダーシップ行動の与える影響の大きさを指摘している。

　三隅二不二は，一般にリーダーシップにはいかなる状況にも適合的な唯一絶対的タイプが存在しないという認識の下にさまざまな状況に応じた適切なタイプを明らかにし，同時にリーダーの育成に役立つ有効的な類型化を試みている。彼はリーダーシップの基本構成次元を業績志向（performance）と集団の維持強化志向（maintenance）の2次元に求め，両者の組み合せから有名な「PM理論」を展開した。これはグループ・ダイナミックスの研究成果をもとに開発されたもので，すでに触れた集団や組織の主要な機能要件や従来の研究

とも重なり合う代表的な分析モデルともなっている。一方のP (performance) は，職務遂行上の指導力にポイントを置く仕事中心型行動パターンで，環境への適応や課題遂行（目的達成）努力を意味している。これに対してM (maintenace) は，集団内緊張関係の調整処理や解消，メンバー間の相互作用の活性化などを誘発するような調和と調整を基本とする人間関係中心の行動パターンで，集団の統合促進や思考―行動様式，共有価値などの特有の文化―潜在的パターンの維持やさまざまな緊張処理の努力を意味している。この両志向性の強弱関係の組み合せから，客観的なリーダーシップの状態把握やその測定，タイプ化が試みられ，その志向性の強いタイプを大文字で，逆の弱いタイプを小文字で標記し，両志向性のクロス・マトリックスからPM型，Pm型，pM型，pm型の4タイプに識別されるモデリングがなされている。このうち，PM型が集団の生産性や部下のモラール，満足度，集団の凝集性等の点で最も有効性が高く，前者では次いでPm型が，後者では次いでpM型が高い成果を期待できる理想的なタイプとされる反面，pm型でそれらが共に低い点を明らかにしている。もちろん，同時に集団状況によっても規定される関係で，たとえばハイダーなどはそれがもっとも有利なもしくは逆にまったく不利な状況下ではPm型の方が，またそれが中程度のケースではPM型の方がそれぞれに有効性を発揮しうるとの知見も示している。さらに，Pm型は短期的にみた場合に，またpM型は長期的にみた場合にそれぞれ高い有効性の発揮が考えられる。近年，このモデルはメンバーの達成動機や遂行課題の困難さ，集団内コミュニケーション構造など，特有の状況適合性との関連分析へと一歩踏み込んだ研究が進められている。

このPMモデルと同様に，リーダーシップの機能的側面からの類型化と分析・応用は，人間への関心度と業績への関心度のクロス・マトリックスを用いたブレークとムートンのマネジアル・グリッドでもなされており，このモデルでは中間型を加えた5タイプで捉えられている点が異なる。また，前者がフォロアーによる他者評定を基準とするのに対して，後者はリーダー自身の自己評

定を基準に描き出される点にも違いがみられる。ともあれ，これらの研究成果は，リーダーシップ行動がトレーニングで変わりうること，したがってそのための有効なプログラムを描き出すことの重要性を再認識させるものともなっている。

こうした一連の研究成果の蓄積は，その後リーダーシップの有効性が環境や状況のあり様に大きく依存するという基本命題に立脚するコンティンジェンシィ・モデルへと継承されている。この代表がＬＰＣ（least preferred coworker）測定スケールで知られるフィードラーのモデルである。このモデルでは，「一緒に仕事をする相手としてもっとも苦手と感ずる人」にどの程度好意的＝非好意的印象をもつかを好意的（8点）から非好意的（1点）までの8点尺度で評定し，たとえば非常に愉快から非常に不愉快，友好的から非友好的，拒否的から受容的等々18項目の合計スコアの高低差との関連からリーダーシップの条件適合性が分析的に捉えられる。すなわち，高得点者はもっとも苦手と感じる仕事仲間に比較的好意的な印象をもつことから，その基本的動機が対人関係の維持にあり，逆に低得点者は比較的非好意的な印象をもつことから，その基本的動機が課題遂行や目標達成にあると考えられる。同時に，人は不利な自己統制不能な状況下では基本動機の充足を優先させる行動を，逆に有利な自己統制可能な状況下では二次的動機の充足を当然追求することから，前者で課題遂行パターンが，後者で対人関係維持パターンが適合的タイプとしてあらわれる。いい換えれば，遂行課題が非構造的なリーダーに不利な状況になるに従って，低得点リーダーのケースでは課題志向的行動が増大し，対人関係志向的行動が減少するのに対して，高得点リーダーのケースでは逆に課題志向的行動が減少し，対人関係志向的行動が増大することになる。ただし，このスコア自体が状況依存性の度合いを厳密に示すものか，単なる認知上の複雑性の度合いにすぎないのかという疑問も残るが，このスコアと集団効果性との相関関係が集団や課題状況で変化する可能性に着目した点にこのモデルのユニークさがあるといえる。

このモデルと並んで今日注目されているハウスの期待モデルでは、リーダーシップの職務満足や業績向上効果の期待がフォロアーに有意差をもたらすという考え方を提示している。したがって、リーダーの重要な役割がそれを生み出す目標づくりとその経路の拡大による動機づけに求められ、それを左右する遂行課題やフォロアーの特性が問題とされ、課題の構造化の高い職務——すなわち単純で変化の乏しいケースでリーダーの配慮的行動がフォロアーの職務満足度とプラス相関を、逆のケースでリーダーの指示的な構造づくり行動が同様にフォロアーの職務満足度とプラス相関をそれぞれ示し、また権威主義的傾向性の低いフォロアーのケースでは意思決定への参加が促進される場合に高い職務満足度を、逆に権威主義的傾向性の高いケースでは構造化されていない課題への参加が高い職務満足度をそれぞれもたらすという有名な仮説が導き出されている。

参考文献

本章の代表的な参考文献としては以下のものを紹介するにとどめるが、できればさらに掘り下げて、それぞれ直接原典にあたられることをお薦めしたい。

D. カートライト、A. ザンダー（三隅二不二訳）『グループ・ダイナミックス（I・II）』誠信書房　1968年, 1970年

野中・加護野・小松・奥村・坂下『組織現象の理論と測定』千倉書房　1978年

青井和夫『小集団の社会学』東京大学出版会　1980年

古畑和孝編『人間関係の社会心理学』サイエンス社　1980年

三隅二不二『改訂版リーダーシップ行動の科学』有斐閣　1984年

白樫三四郎『リーダーシップの心理学』有斐閣　1984年

古川久敬『集団とリーダーシップ』大日本図書　1988年

第4章　日本的経営と組織風土

4−1　日本的経営風土とは何か

(1) 欧米からみた日本的経営

　よかれ悪しかれ日本の経営制度が外国人の関心の対象となったのは，戦後になってからである。終戦直後，GHQ（アメリカ占領軍司令部）の労働諮問委員会は，日本の経営・労働慣行を調査したが，その報告の中で日本の経営システムが年功制に依拠していることを指摘し，次のような評価を下している。すなわち，年功制賃金は被雇用者の個人的事情を基礎とし，企業への貢献の度合いを無視している。このような年齢による賃金格差は非経済的で不公正である。

　1958年，アメリカの経営学者アベグレン（J. C. Abegglen）が，日本の企業を調査して著した『日本の経営』においては，日本の経営・労働慣行の特徴として終身雇用制と年功賃金制があげられている。アベグレンは，生産性を企業組織の機能を測定する重要な指標と考えたが，当時の日本の生産性はアメリカの50％程度であった。彼はこの日本企業の生産性の低さの原因を技術的要因よりも社会的組織のありかたに求めた。すなわち，終身雇用制は労働力の非移動性によって労働力を柔軟に活用することができず，企業への貢献とは無関係に雇用が保証され，賃金制度も効率性とは無関係な個人的条件に基づいて決定される。このような制度は非能率的である。

　アベグレンのこの日本的雇用慣行に関する結論は，GHQ労働諮問委員会の評価と軌を同じくしているが，終身雇用制や年功制が日本固有の制度であることを日本の産業界に広く認識させることに貢献した。また，効率的なアメリカ

の経営方式から学ぶべきだとするアメリカ経営学ブームが起きたのもこの頃である。

(2) 逆転した評価

しかし，皮肉なことに，1960年代に入ると日本の経済は順調に復興をとげ，やがて高度経済成長時代を迎えることになった。それとともに，日本の経済成長率と生産性成長率の驚異的な伸張は諸外国の注目するところとなった。こうした日本的な経営に関する評価の変化はアベグレンの前著の改訂版に顕著にあらわれている。

アベグレンは1974年に前著の改訂版を出したが，日本の経営制度の記述の部分に関してはそのまま掲載し，最後の章の評価の部分のみを入れ替えた。すなわち，終身雇用や年功制賃金は，企業への忠誠心を育成し，労働力の能率的な配分に貢献する，と。アベグレンは経営制度の評価の指標として生産性を用いたから，時代によって同じ日本の経営制度がまったく逆の評価を受けるという皮肉な結果となった。

1970年代には，日本的経営に対する欧米諸国の関心は高まり，国内外ともに日本的経営ブームとなった。1973年にはOECD視察団が日本に派遣され，終身雇用，年功賃金，企業別組合を日本的労使関係の「3種の神器」として報告した。この時期，外国の日本的経営に関する認識は，表面的な制度の相違にとどまっていたが，1977年の第2回OECD視察団の報告書では，従来の「3種の神器」に加えて，第4の柱として企業内部における独特な社会規範があげられている。すなわち，①コミュニティとしての企業，作業集団，②タテの互酬的関係，③合意に基づく意思決定などである。この時期になって，表層的な制度だけではなく，その底流にある企業観や制度の運用にあたっての文化的風土などについても関心が広がっている。

OECD視察団のこのような理解の深化は，欧米と日本の間ではたんなる経営制度が異なるだけでなく，その制度やその運用のシステムがその固有の文化

に根ざしていることの発見によっている。また，欧米の視察団には日本式の制度を自国に取り入れるには，文化的な制約があり，一部に限られることの認識も広まった。

(3) 日本的経営批判

1980年代の後半に入って，こうした日本の特殊性は，欧米的基準に照らして不公正であるとする批判が次第に高まるようになった。日本の六大企業集団における内部取引やメーカー系企業による部品供給企業の系列化や流通経路の系列化，あるいは，信頼関係に基づく相対取引などの日本的生産システムや販売システム，取引関係が，「ケイレツ（keiretu）」の名のもとに市場の閉鎖性の大きな原因であるとして批判の対象になった。

さらに，1990年代のバブル経済の崩壊は，日本的経営の評価にとって，大きな転換点となった。大企業が相次いで倒産し，不正な融資や債務隠し，財務諸表の虚偽性が明らかになるにつれ，日本企業の意思決定機構の閉鎖性が問題視されるようになった。また，企業の横並び意識やこれまで政府がとってきた護送船団方式的保護政策の転換など，日本的経営は今や変わるべき対象として論じられるようになった。

このように，日本的経営は日本の経済状況によってその評価を変えてきているが，日本的経営といわれる内容についても論者により異なっており，一定してはいない。以下では，日本的経営としてどのような内容が論じられているかについてみておきたい。

終身雇用制，年功賃金（生活給的賃金体系，生活関連手当），企業別組合（労使協調）は日本的経営の3本柱である。これらは，雇用の安定や企業忠誠心，ゆるやかな昇進システムと競争を抑制した協調性の重視などにつながっている。このほか重要な点としては，ボトムアップ型の意思決定や稟議制度，課を中心とした集団的な職務遂行（職務の範囲が広い）や小集団活動，製造現場や営業現場などの現場重視主義，整えられた企業内教育体系と企業内熟練形成

図表4－1　日米企業の経営風土

	日本企業	米国企業
所有形態	法人株主主体 株式の持合	個人株主主体
経営者権限	経営者支配	株主支配
企業目標	シェアの拡大重視	短期的利潤重視
企業観	企業は人の集まり	企業は資産の集まり
雇用慣行	終身雇用・新規学卒採用	レイオフ制度と先任権
賃金制度	年功賃金・生活手当など	賃金は労働能力の対価
労働組合	企業別組合	職能別組合
従業員意識	企業帰属意識が強い	組合帰属意識が強い
従業員間の階層性	ホワイトカラーとブルーカラー間の格差が小さい	ホワイトカラーとブルーカラー間の格差が大きい
意思決定方式	稟議制とボトムアップ	トップダウン
職務遂行	課中心の集団的職務遂行　小集団活動	個人単位（職務）による職務遂行
取引関係	長期的・信頼関係重視（相対取引・系列）	短期的・契約関係重視
重視部門	現場主義	財務中心
従業員教育	企業内教育の重視と企業内熟練形成	外部機関による公的教育が中心
人的経営風土	集団主義	個人主義

などである。また，企業トップと下層との格差やホワイトカラーとブルーカラーとの格差が小さいのが特徴である。総じて日本企業の特徴は人重視の経営ということができる。日本型企業と米国型企業の一般的特徴についての比較を図表4－1に示しておこう。

(4)　日米企業の経営風土の比較

　簡略化した比較は実情を正確には反映していないが，一つの典型的モデルとして日米の企業を知るうえで参考になるだろう。

　まず，企業の経営主体の側面からみると，日本企業では株主の構成で法人所有株が多く，しかも関連企業どうしで株式を相互にもち合っている場合が多

い。株式の相互持合は，戦後の財閥解体とそれに続く外国資本の参入自由化に対する防衛策に起源をもっているが，このことが日本の企業の運営に大きな影響を与えている。取引関連企業やメインバンク，グループ企業が株式を所有しているため株主総会は形骸化し，社長団会議のような株主総会以外の場で事実上の経営の最高意思決定が行われる。取締役会は企業内部の最終昇進コースに過ぎないため，経営者に対するチェック機能をもたず，一般の小額株主に対して閉鎖的な企業風土を形成することになる。このため株主に比較して経営者の権限と支配力が強く，経営者は短期的な利潤の確保という呪縛から離れて長期的な観点から経営計画をたてることができる。利潤の内部留保，設備投資，安定成長の指標としてのシェアの拡大重視など，一時期，日本企業の成長の秘訣といわれた事柄もこの日本企業の経営者支配が背景にある。

これに対してアメリカの企業では，株主構成において，個人株主の割合が高く，その中でも，大株主や個人の年金基金の委託を受けた機関投資家が企業経営を監視することになる。株主総会の権限も強く，株主総会から委託を受けた取締役会が，経営を担当する社長をはじめとする経営執行委員会を恒常的に監視することになる。アメリカの企業では経営の執行とその監視機構とは明確に分業体制がしかれており，経営者の手腕に対する監視体制は厳しい。経営者はそのため短期的な利潤を獲得できる戦略をとりがちで，80年代の一時期，この点がアメリカ企業の弱点の一つといわれたことがあった。

企業観において，日本の企業は「企業とは人の集まり」と考える傾向が強く，これが終身雇用制，年功制，企業内教育訓練の基盤になっている。昇進や賃金体系が，個人の職務能力よりも長期にわたる企業への貢献度を基準に行われてきたのもこうした考えが背景にあるからである。したがって，近年にいたるまで，企業買収は乗っ取りや人身売買を連想させ，マイナスイメージをもたれていた。企業においても暖簾（のれん）や長期的な信用などものつくりや営業面での伝統や継続性を重視してきた。特に，製造現場の運営や労務管理を重視する姿勢は現場主義として日本企業の伝統となってきた。

これに対して、アメリカの企業では、「企業とは資産の集まり」と考えられている。企業の本質は株主から依託された資本であり、経営者はこれを運用して利潤をあげることが任務である。したがって、賃金体系においても基本的には企業の利潤獲得への貢献度（職務能力）への対価と考えられている。これは企業への献身性などの情意面が強く作用する日本企業と対照をなしている。職務給を基礎とする賃金体系は、同一労働同一賃金を原則としており、職務能力の向上か職務の転換がない限り給与の上昇はみられない。職務能力向上の幅は5段階程度が普通で、10代後期に就業したブルーカラーは30代には最高段階に達してしまう。アメリカのブルーカラー職種で30代後半から賃金上昇曲線の停滞がみられるのは、このような賃金体系が原因となっており、中年層ではホワイトカラーとブルーカラーの賃金格差は日本よりはるかに大きい。

不況期で操業短縮や人員削減の必要がある時は先任権（seniority system）にしたがって、同一職種で勤続年数が短い者からレイオフ（lay-off 一時解雇）され、半年ないし1年程度の期間を経ても企業の業績回復が見込まれないときには最終的な解雇となる。

企業をこうした資産の集まりと考えるアメリカでは、財務部門が重視され、大学院教育によって企業戦略や財務会計の訓練を受けた人材が企業を経営していくことになる。このことは、経営的感性やカン、また地道な経営努力と人的掌握術を中心とする日本の経営者と対照的である。また、企業の買収も日常的で、経営者も経営実績だけではなく、株価や株主の動向に気を使うことになる。

職務の遂行に関しては、日本企業では、課単位の職務遂行が基本で、課に与えられた職務を課員全員で分担担当することになる。分担も明確な職務が決められているわけではなく、集団的に協力しながら職務を遂行していくことになる。この意味で日本企業にとって仕事量に見合った課の定員といった明確な概念はなく、繁閑に応じた目分量にすぎない。アメリカの企業では職務が先行し、それに人材をあてていくのに対して、日本では人員と課全体の任務が先行

し，それに便宜的に各人の職務分担を割り振っていくのである。

また，アメリカの企業の意思決定がトップダウンで，各従業員がそれぞれに分割された職務を遂行していくのに対して，日本では，下位の部署の者が起案し，関係部門に回議され，次第に修正されて上位の決裁を仰ぐというボトムアップ型の意思決定方式（稟議制）をとっている。

こうした職務遂行や意思決定方式の相違の基盤になっているのは，日本型集団主義的行動様式と欧米型個人主義的行動様式の文化の差である。日本企業では企業間の取引関係でも長期にわたる信頼関係を重視し，相対取引が中心となる。こうした企業間の関係においても擬似人間化した関係を指摘する研究者も多い。

日本的経営とは，終身雇用制，年功賃金（生活給的賃金体系，生活関連手当），企業別組合（労使協調）を3本柱としながら，ボトムアップ型の意思決定や稟議制度，課を中心とした集団主義的な職務遂行や小集団活動，製造現場や営業現場などの現場重視主義，整えられた企業内教育と企業内熟練形成，企業トップと下層との格差やブルーカラーとホワイトカラーとの格差の小さい，いわゆる企業一家という意識など，現場や人重視の経営であるということができる。

4-2 日本的経営の起源と形成要因

日本の高度経済成長時代には，国内外とも日本的経営論や日本的経営礼賛論がにぎやかに論じられてきたが，バブル経済の崩壊とともに議論は下火となってしまった。それとともに，相次ぐ大企業の倒産と不祥事の発覚によって，日本的経営を否定的にみる見解が主流を占めるようになった。戦後の一時期，アベグレンの日本的経営に関する評価が，その経済的結果によって逆転する評価を受けたのと同じく，今，再度の逆転した評価を受けているといえる。

経済活動の成果をもとにして，その経営制度の功罪を論ずる，いささか短絡

的ともいえる判断方法が，果たして社会科学的方法であるのかの是非はともかく，これまで議論されてきた日本的経営論の本質は何であったのかを冷静に考えておく必要があろう。

(1) 日本的経営論の二つのアプローチ

これまで議論されてきた日本的経営論を振り返ってみるとき，その関心のあり方に注目すると二つのアプローチがあることがわかる。一つは，日本的経営を効率的な経営方式であるととらえて，「日本的経営から何を学ぶか」「自国の経営に何が移植できるか」を関心の中心にすえるものである。欧米の視察団や欧米の経営学者に多くみられるアプローチであり，より実践的課題が中心となっている。このアプローチの背後には，効率的な経営組織というものは，社会的背景や文化的背景とは切り離して移植することが可能であり，効率的経営方式はどの国においても共通する普遍性をもっている，とする普遍主義的発想がある。

もう一つのアプローチは，文化論的アプローチと呼ばれるもので，日本社会の特質がどのように経営に影響を与えるか，日本企業の経営風土と日本の社会・文化的特質との関係に関心がおかれている。このアプローチの背後には，経営制度は社会的な規範と適合することによって実質的な合理性を発揮できるとする発想がある。すなわち，経営制度は経済的合理性と文化的適合性との二つの条件を充足しなければならない。経済的合理性を欠いた経営組織は放漫経営となってしまうが，同時にその国の社会文化との適合性を欠いた経営組織は社会的なコンフリクトを招いてしまう。企業の外部の社会的規範と企業内部の社会的規範がコンフリクトを生ずるとき，いかにほかの国で効率的であった経営組織も，実質的な合理性を発揮することはできなくなる。たとえば，企業内部での人間関係や組織のあり方，職務に関する行動様式が，外部社会の伝統的ありかたと相反する場合，はたして，こうした企業が社会的成功をおさめうるだろうか。企業は経営そのものよりも，社会文化的摩擦を解消するために多大

のエネルギーを消費しなければならないであろう。その意味で経営組織は当該社会の社会的・文化的規範と適合しながら，形成発展していくものである。そうした経営風土と日本社会との関係が，このアプローチの主たる研究対象となる。

前者の普遍主義的アプローチでは，主として経営制度や生産方式などの公式的で表層的な側面に関心が向けられるが，後者の文化論的アプローチでは制度や生産方式などが立脚する社会規範的側面に関心が向けられる。OECDの第一回目の調査団が終身雇用制，年功賃金，企業別組合を日本の企業の特徴として指摘したが，二回目の調査団はこの制度の背後に企業を一種の疑似コミュニティと考える日本的な企業観と文化的伝統があることを見い出した。そして，このような背景をもった日本的経営を移植するのはそれほど容易なことではない，とする印象をもったことは，この問題に関するOECD調査団の認識の深まりに対応するものである。また，このような企業とそれをとりまく社会文化との関連性に関する認識の重要性は，多国籍企業が異文化社会に進出していくにしたがってよりいっそう深まりつつある。

(2) 文化論的アプローチ

以下では，これまで論じられてきた文化論的アプローチに属する日本的経営論者の見解を検討しながら，日本的経営の起源やその形成要因をみておこう。

まず，日本的経営論の中心的概念となっているのは，日本における企業がたんなるアソシエーションや第二次集団ではなく，疑似コミュニティ（疑似共同体）的要素をもっていること。そして，この基盤に日本人の基本的心性である「集団主義」「集団志向性」などがあることである。日本的経営とはこの集団主義が経営の基調として表出した結果にほかならない。また，こうした集団志向性や疑似共同体意識の源流を日本の家制度（イエ説）や村落共同体（ムラ説）に求める見解が主流となっている。

① イエ説

まず，日本的経営論のイエ説の代表者の一人である間宏の見解をみてみよう。

日本的経営の基調となっている経営家族主義の源流は江戸時代の商家の伝統にみることができる。江戸時代の商家では，奉公人は12歳くらいで子供・丁稚として住み込みで働き，やがて手代となり，40歳前後で番頭となり，主人の代行として店をとりしきった。長い奉公期間がすぎると，のれん分けと称して店ののれん（共通の商号）と開店資金を与えられて独自に店を開くことができた。これらの新規の商家は，血縁関係に基づく本家・分家関係に擬した別家として非血縁者であっても家の構成員として組み入れられていった。

江戸の商家の代表は三井家であるが，初代の家長の三井高利は，死に際して子どもたちに家産を分割せずに親族の総有とし，家産を一つにまとめて運用すること，各人はその持分に応じて利益の配分を受けることを命じた。三井家の同族すなわち総本家1軒，本家5軒（高利の男子5人の直系），連家3軒（高利の女子3人に養子を取った家）と三井の家業とを統一管理する機関として大元方が設立され，この機関で親族の中から三井家の経営を任せる人材を選出した。

このような江戸時代の商家の伝統の中には，終身雇用，年功制，生活保証給などの原初的な形態をみることができる。また，商家は家業を中心とする経営体であり，家業の運営に必要な人材を家の構成員として包摂していき，稼いだ利益は自己の繁栄に費やすのではなく，家産として先祖から子孫へ受け継いでいくものとされた。

明治期以降の企業観の基調となったのも，この経営家族主義であった。民族主義的ナショナリズムの高揚とともに，経営も企業活動を通して国家に貢献するという「経営ナショナリズム」が発生し，経営家族主義に基づく企業中心主義は国家主義の下位に位置づけられた。しかし，こうした国家主義的な経営ナショナリズムの時代にも底流として経営家族主義は生きつづけてきた。戦後，

国家主義の崩壊によっても経営家族主義はしばらくは生き続けたが，家父長的な家族主義の衰退によって，経営家族主義は経営福祉主義に変化しながら日本的経営の風土として継続している。

間宏は経営ナショナリズムや経営家族主義，そして経営福祉主義の基盤となっている日本人の心性を集団主義と呼んでいる。この集団主義の問題については後に論ずることにしたい。

間宏が歴史的な観点から日本的経営の起源を日本の商家の伝統やその経営家族主義に求めたのに対して，三戸公はより直接的に日本の伝統的「家」が生活共同体であり，そこに経営体的特質があったこと，日本の企業がこの家的要素を基礎としていることを主張している。

三戸公によると，日本の「家」は血縁集団ではなく，非血縁者をも包含した「生活共同体」であることに特徴がある。また，生活共同体の家は単なる消費の単位としての家計であるだけでなく協働体としての経営体的特質をもっていることも大きな特徴である。そして，家が協働体である限り，命令＝服従の体系を必要とし，その命令＝支配の専属機能を家督といい，家督の保持者が家長である。家はその永続性と維持繁栄を基本目標とし，家長もこの目標のために家の成員を統率し，家の成員も家の繁栄のために献身する。

三戸公は，こうした非血縁者をも包含した経営体としての家意識を「家の論理」と呼んでいる。

このような家意識は幕藩体制の藩の原理でもあった。欧米の場合には，家共同体の解体消滅によって資本制体制が展開し，それと並行して家の論理も消滅した。これに対して日本の場合には，幕藩体制における藩の原理は家の論理に基礎をおいていたが，近代化の過程で「藩における家の論理」をそのまま規模が拡大した国家に対して「国家における家の論理」（家父長制国家）として「倣い拡大」したために，このような近代的経営の中に家の論理が残存し，機能することになった。

すなわち，三戸公によると，日本の家は本来的に経営体的特質をもっていた

が，明治政府が国家の基礎に家父長制をとりいれたため，近代における企業も家的意識や家的形態を払拭せず，内部に家の論理を内包したまま発展したという。

② ムラ説

このような間宏，三戸公の日本企業の文化的起源としての「イエ説」に対して，岩田龍子は日本人の心理特性の源泉としてのムラ意識を強調する「ムラ説」を主張している。すなわち，日本の近代化の過程で企業に雇用された人々は，農村部から都市部へ出てきた農民家庭の出身者であって，彼らはイエ意識よりも，村人としての意識が強かった。こうした村落社会の意識は，「定着意識」や「所属意識」などであり，これらの意識が，「人間関係の永続性」，「階層序列の安定性」，「急速な変化の回避」などの組織の編成原理（組織風土）をつくった。

もちろん，経営上層部は「イエ意識」や家族主義的イデオロギーをもっていたが，従業員のムラ意識が経営層のイデオロギーに吸収，融合していったという。このような組織の編成原理が，労働力の募集難，良質な労働力の確保，労働運動に対する鎮静化対策といった経済的な環境要因と複合的に作用して，終身雇用制の形成となったとする。岩田龍子によれば，編成原理の形成にあたっては経営上層部の「イエ意識」は媒介的な役割を果たしたにすぎず，日本人の基本的行動原理と企業組織の編成原理は「ムラ意識」であったという。戦前においてはイエ・イデオロギーの衣をまとった（本来はムラ意識を源泉とする）集団主義が経営家族主義を支える基盤となっていたのであり，戦後の家族主義の崩壊とともにムラ的行動様式がいっそう明確な形をとってあらわれるようになった。

ところで，イエ意識にしろ，ムラ意識にしろ，家父長制の崩壊後や都市社会の中でこうした意識が継続する理由は何であろうか。岩田龍子は，経営制度がいったん形成されると，この経営制度が逆に人々の行動様式や心理特性を維

持・強化すると主張している。すなわち，第一段階は，心理的特性が制度の編成原理となるが，今度はできあがった制度が逆に人々を強化し，社会化することになる。日本的な経営制度はこうして社会的な慣性力をもつことになるが，社会的経済的な環境変化によって制度が淘汰され，新しい社会により適した形態として制度は進化していく。

　これらの見解は，それがイエ意識に起源をもつものであれ，ムラ意識に起源をもつものであれ，日本人の行動様式を集団主義的，集団志向的であるとし，こうした日本人の心性と経営制度の形成との間に因果関係をみとめる点では共通性がみられる。また，日本的経営論を契機として多くの日本人論が語られた。

③　日本型集団主義と欧米型個人主義

　日本的経営論の文化論的アプローチが依拠する主要点が日本人論とその集団形成の論理である。日本人論としてさまざまな表現の仕方があるが，その基本的部分には共通性がみられる。これまでの日本人論を日本型集団主義として欧米型個人主義と対照しておくことも無意味ではないであろう。図表4－2は，これまで論じられてきた日本人の特性を欧米型個人主義と比較したものである。簡単に説明しておこう。欧米型個人主義は自助・自立であり，自己責任の論理が基調となる。他者との関係では異質性を前提としているため，潜在的な不信感が存在する。これが，欧米で契約が発達した理由である。自己主張はするがいったん妥協が成立するとこれに従う。契約の論理は必然的に動機や心情よりも契約の実行結果が重視され，結果の論理となる。なんらかの共通の資格によって集団が形成され，個人はあくまで特定の目的で参加し，その範囲で行動する。集団との関係では個人の利害のほうが優先され，組織原理としては競争原理が協調原理よりも優勢である。集団の内と外の区別が大きくなく，集団の成員は一般的な社会的価値観に従って行動する。

　これに対して，日本型集団主義では，互助・相互扶助が基調となる。このこ

図表4－2　欧米型個人主義と日本型集団主義

欧米型個人主義	日本型集団主義
自立，自助	互助，相互依存（甘え）
集団には参加	集団には所属
個人の利害を優先	集団の利害を優先
資格による集団形成	場による集団形成
競争原理が優勢	協調原理が優勢
普遍的価値	献身的価値
異質性を前提	同質性を前提
不信の関係	信頼の関係
契約の論理	状況の論理
結果の論理	心情の倫理
自己主張と妥協	本音・建前と和合

とは，他者の協力を前提とした甘えの行動を引き起こすことが多い。自らも異質であることを避け，他者は同質であることが前提になっているため，潜在的に他者に対する信頼感が存在する。これが，日本では商行為においても契約よりも相互の信頼感を重視する理由である。信頼の関係では，行動の結果よりも約束を実行しようとする誠意や心情が重視される。したがって，特殊な状況のもとで契約が実現されなかった場合でも心情に誠意があれば許されると考える。集団の形成にあたっては特定の資格よりも集団への貢献を前提として仲間として組み入られることが重要で，個人は集団に対して全人的に参与する。したがって，個人の利害よりも集団全体の利害が優先され，組織原理としては協調原理が優勢となる。集団の内・外の意識が強く，人は社会の一般的価値観よりも集団に貢献する行為を価値ある行為として評価し，しばしば集団外の価値観と対立して社会的コンフリクトを生ずる。個人と集団との利害の葛藤は，しばしば建前と本音という心理的次元で解決されることが多い。

(3) 機能主義的アプローチ

　文化論的アプローチとの関係で，述べておかなりればならないのは，津田真

澂の都市共同体論とシューの機能主義的アプローチである。

　津田真澂は，他の文化論的アプローチの論者と同じく，日本の企業が擬似共同体であることを認めているが，その形成要因を欧米と日本の都市の形成の相違に求めている。

　津田真澂によると，一般に欧米の社会では，個人の居住地域を中心に共同生活体（津田真澂は生活共同体にかえて共同生活体という用語を用いている）が形成され，個人は経済的観点からのみ企業に雇用される。これに対して，日本においては，村はたしかに行政単位であるとともに共同生活体でありえたが，都市は武士団を支配層とする行政都市であった。そのため封建社会における日本の都市では共同生活体を形成することができなかった。近代日本における都市住民の家庭も共同生活体という社会的要素を欠いたまま巨大な都市空間に孤立している。このため，日本の企業経営体が従業員にとって共同生活体としての性格をもつようになったという。

　企業が共同生活体であることは，① 従業員にとっては全人格が発動される場所となり，② 経営体の権威は共同生活体としての性格を維持し繁栄させることで発生する。したがって日本では経営体の原理として，① 業績の達成―合理性・能率性，② 権威への帰依（全人格的共感）―共感による納得性，合意の尊重，との二重の原理が貫くことになる。この二重の原理のうち，人格的帰依と合議による決裁の方式は幕藩体制から引き継がれた方式であり，業績の達成―合理性，能率制の原理は戦後のアメリカを範にして導入されたものである。津田真澂によると，日本における企業の系列化や企業集団の存在は経済的利害だけでは説明できず，その関係がたんなる経済的契約以上の長期に渡る人格的関係が期待されていることからも日本的経営がもつ共同生活体としての性格が企業間に拡大したものであるとみなされるという。

　津田真澂の共同生活体論には，人間の基本的欲求がどのような社会的集団によって充足されるかとといった機能主義的な観点が存在しているが，こうした機能主義的側面を議論の中心にすえるのが，中国系アメリカ人のF.L.K.シュ

一である。

シュー自身は文化人類学者であり，日本的経営については述べていないが，彼の方法論が日本的経営論の文化論的アプローチに対して大きな影響を与えたので，ここで述べておきたい。

シューによれば，人間は「社交 (sociability)」，「安全 (security)」，「地位 (status)」という三種の基礎的な社会的欲求をさまざまな集団の中で充足していく。この基礎的な社会的欲求が親族関係のようなもっとも身近な集団で充足される文化型のもとでは，人間の活動は親族関係に引き込まれる。一方，充足されない文化型のもとでは，人間は積極的に二次的集団を形成し，そこに参加することによって社会的欲求を充足しようとする。この時，形成される二次的集団にはもっとも身近な集団における社会関係がもちこまれる。

すなわち，中国人においては父＝息子の関係が優位を示しており，その属性は「交互的依存」にある。中国人にとっては，家族のもっとも広い延長である「クラン」は彼の基礎的な社会的欲求をすべて充足する。したがって，中国人にとっては親族への求心的志向が強く，非親族的集団への参加も究極的には自己の親族集団への配慮が基礎になっている。

次に，ヒンズー人においては，母＝息子の関係が優位を示してはいるが，家族は重要な意義をもっていない。ヒンズー人の基本的志向は目にみえない霊魂の世界と関係をもつことである。「カスト」はこの遠心的世界観をもつヒンズー人の拡散を防ぐ障壁として機能している。ヒンズー人の基本的な社会関係には，霊魂的世界における「一方的依存」の関係がもちこまれる。

さらに，アメリカ人においては，夫＝妻の関係が優位を示しており，子にとって家族は独り立ちする（「自己依拠」）までの養成所にすぎず，人生の恒久的な投錨地とはならない。したがって，アメリカ人は自己の欲求充足のために他の集団を求める遠心性への傾向をもつことになる。アメリカ人のこの欲求を充足する集団が自由結社としての「クラブ」である。アメリカにみられる多彩な権威をもった社交的社会集団の存在はこの結果である。

日本人においては，父＝息子の関係が優位を示している点やその属性が「交互的依存」にある点では中国人に似ている。しかし，長男の単子相続によって兄弟間の社会的距離は中国人よりもはるかに大きい。次男以下は，親族集団に対して遠心的志向性をもつため，日本人は親族組織の外側に自己の欲求を満足させる諸集団を必要とする。その典型的集団が親族集団の外側にありながら，擬似親族的性格をもつ「イエモト」という集団であり，その制度の基底にあるのが，「縁約（kin-tract）」の原理である。「縁約」の原理は固定化された不変のヒエラルキー的制度なのであるが，同時に共通の目標をもって自発的に結ばれた制度である。「縁約」の原理は一方では親族組織に，他方では契約のモデルに基礎をおいている。シューは日本人は中国人に比べて，親族という一次的紐帯から自由になっていたため，近代化の過程で容易に事業体に入っていくのに適していた，しかし，同時にアメリカのようには親族意識から脱却できずに事業体に親族の原理をもち込むことになったという。

シューの機能主義的仮説を日本的経営に適用すれば，企業が擬似共同体的特質をもつのは，日本の親族構造が，アメリカに比べて親族への求心性が強い反面，中国に比べて親族からの遠心性があるためであるといえる。

以上，日本的経営論の文化論的アプローチに関してさまざまな見解をみてきた。ここで，重要な点は，日本的経営論の基本的問題が，たんなる生産性の高い組織モデルを自国に移植するという実践的課題からではなく，経営制度も一つの社会現象である限り，当該社会の基礎的構造と無関係ではないという社会科学的課題から出発していることである。また，経営制度が本質的に効率的であるためには，当該社会の社会的・文化的基礎構造と適合性をもたねばならないという重要な仮説を内包していることにも留意しておかねばならない。

4-3 日本的経営のゆくえ

(1) 日本的経営礼賛論の崩壊

バブル経済が崩壊し，日本経済が長い景気沈滞局面に入ると，これまで学界・産業界・ジャーナリズムを通じてかまびすしいほど議論されてきた日本的経営論はすっかり影をひそめてしまった。日本的経営論の議論が，日本経済や日本企業の強みを強調する議論と結びついていたからである。はなはだしくは，日本的経営論が日本的経営礼賛論になり，日本人の勤勉性や企業忠誠心を称える日本文化・日本人礼賛論となった。欧米との比較のうえでさまざまなエピソードが紹介されたが，その多くは日本人の自尊心をくすぐるような断片的なものにすぎず，社会科学的な検証を欠いていた。ロス・マオアが日本的経営論の文化論的アプローチを批判したのも，その多くがそうしたエピソード主義に陥っていたからである。

日本的経営論批判の中には，こうした根拠の乏しい礼賛論やエピソード主義以外に，その底流に流れる日本特殊論神話に対しても向けられた。

(2) 終身雇用制の神話

その一つは日本的経営の根幹ともいえる終身雇用制の問題である。

1970年，80年代を通じて日本的経営は肯定的に評価されていたが，1973年のオイルショック時には日本の大企業では大量の人員整理が行われた。産油国の協調的原油価格の引き上げに端を発するオイルショックは，先進国の中では原油を産出しない日本に最も大きな打撃を与えたが，強弱に差はあれ，他の先進国に共通して経済低迷の事態を引き起こした。この時期，先進国の企業の中で最も解雇やレイオフが多かったのは日本の企業であった。日本は終身雇用を基本としており，欧米諸国ではレイオフの制度を取り入れているため，こうした経済的低迷期には欧米のほうが解雇者が多いと信じられるが，実際には大企業における「解雇者」の数は，日本が多かったのである。オイルショック時，

日本の大企業では「早期退職優遇制度」と呼ばれる制度の創設が相次いだ。この制度は自発的に定年前に退職する場合には，割増退職金を支給する制度であるが，退職者の選定にあたっては，建前は従業員の自主性を尊重することになってはいるものの，実際には退職を半強制的に勧誘するケースが多かった。こうした半強制退職の予備軍として「窓際族」という言葉が生まれたのはよく知られている。当時，失業者の増大が深刻にならなかったのは，それまで中小企業が慢性的な人手不足に陥っており，このオイルショックの時期になってようやく中高年者の再雇用でその穴をうめることができたからである。一方で，大企業は新卒者の採用は継続し，オイルショックから立ち直った大企業の従業員の年齢構成は「すっかり若返る」といった事態となった。年功賃金制のもとでは，中高年者を半強制的に解雇（過去においては合理化，省力化，最近ではリストラと呼ばれる）し，たとえその同じ数だけの若年労働力を新規採用したとしても人件費の削減につながるからである。

年功賃金制のもとでは，若年期は労働能力と比較して賃金は低く，中高年期は労働能力の伸びが低迷するか，逆に低下するが，反対に賃金は高額となる。中高年期の給与は純粋な意味での労働の対価ではなく，若年期の未払い賃金に対する後払い的性格をもっている。こうして終身雇用制下での年功賃金は，終身を通して労働と賃金とが対価となるのである。景気低迷期の中高年者の解雇は，終身的にみれば未払い賃金を残したままとなる。

日本の企業において，終身雇用制は建前であり，景気低迷期には必ずといってよいほど人員整理が行われてきている。バブル崩壊後のリストラという人員整理は，中小企業の雇用吸収がないため，事態はより深刻になっているが，解雇の面だけからみればオイルショック時の再現である。労働者は40年近くに渡って働くため，20年に一度の大不況期に人員整理の対象となれば，実質的には終身雇用制の「恩恵」には浴さないことになる。この意味で終身雇用制という制度は本来はきわめて安定した制度でなければならないが，現実にはそうはなっていない。終身雇用制は，年功賃金制と閉鎖的な中途採用市場と折り重

なっているため，好況期にはより良い条件を求めて転職しようとする従業員への「引き止め効果」をもっている。その反対に，不景気には人員整理の自由度が低く，経営者側の人件費負担が重くなる。その結果，雇用の面からみると終身雇用制は好況期の転職防止効果にはなっても，不況期の雇用維持にはつながらないのである。終身雇用制は，一般に従業員の企業忠誠心を高める効果があると信じられているため，好況期には終身雇用制の意義が強調される反面，不況期には終身雇用制が崩れるのは，こうした経済合理的な理由がある。

　一般に，アメリカの企業では経営者側がレイオフを頻繁に行うことによって，組織の柔軟性を維持し，日本では雇用を保証する代わりに配置の転換の自由を経営者側がもつことによって組織の柔軟性を維持するといわれてきた。しかし，アメリカのレイオフにおいては，先任権（seniority）にしたがって勤務年数の短い従業員から解雇していくなど，レイオフを実施するにあたって経営者側と労働組合との間で詳細な協定や手続きがとり決められている。そのため，アメリカの企業では，勤務年数が短い者（一般に若年層）の雇用は不安定である反面，一定年数以上勤務した者（一般に中高年者）の雇用は企業が倒産などの危機的な状況に陥らない限り極めて安定的である。また，定年年齢（経営者側が年齢を理由に解雇できる年齢）も70歳程度であって，働く意志と能力さえあれば，結果的に終身雇用されることも可能である（とはいえ，欧米では老後まで継続して働くことはまれである）。これに対して，日本の企業では，終身雇用はあくまで雇用慣行であって，やむをえない状況のもとでは法的にも解雇が可能である。しかも，解雇にあたっての手続きが曖昧であるため，解雇の手続きや解雇者の選定が経営者側の裁量にゆだねられる場合が多く，従業員側にとっては誰が解雇の対象になるのか不透明な状況となる。したがって，アメリカでは特定の段階に達した従業員の雇用は安定しているものの，日本においては，一定の勤務年数を経た中高年層になって雇用が不安定となるのである。統計上の数値においても，アメリカと日本の企業で長期間同一の企業で勤務している者の割合が同じくらいであるのは，日米のこうした雇用実態を反映

した結果である。

このような日本の終身雇用制の実態をみるとき，「日本の企業においては，これまで終身雇用制は存在していなかった」とする終身雇用神話論は，あながち間違いとはいえない。少なくとも，終身雇用は好況期に主張される建前論であるということができよう。

(3) 年功制と日本型競争システム

つぎに，年功制の問題について考えてみよう。

年功賃金制や年功昇進は江戸の商家に源流を求めることができるが，現在の日本企業の直接的な起源となっているのは戦後に労働組合運動が獲得した成果である。戦前の日本企業では，職員と工員との間に身分の差があり，職員は終身雇用で年功賃金の恩恵によくするが，工員は長期雇用の保証もなく，給与も日給制が多かった。戦後の労働運動で生活できる賃金，すなわち労働者の家族への責任の増大に見合った賃金体系が要求され，それが年功型賃金体系（要求を実現した労働組合をモデルとして電産型賃金体系と呼ばれる）であり，職員と工員の身分を解消し，一元的な体系となったのである。

生活給賃金としての年功賃金や年齢や勤続年数，学歴，男女差などの要素を重視する属人給に対する批判は，日本社会の豊かさと多様性が増すにしたがい増大してきた。職能資格制度などさまざまの資格制度と能力給，目標管理制度と年俸制の導入などは，こうした批判への一つの回答である。

産業界では1980年代においては，年功賃金制を能力給体系に変更する一方，終身雇用制は維持する見解が支配的であったが，バブル経済の崩壊以後，年功制の崩壊は長期勤続の意義を低下させ，結果として終身雇用制を無意味化するとの見方が強まっている。

ところで，能力主義時代という標語は盛んに聞かれるが，実際には，昇進体系においても勤続年数や年齢を配慮して運用されており，能力給においても年功給的要素を基礎にしたものが多い。これまでの年功制は，実際には大きな格

差をつけず，諦観者を出さない全員参加型の，長期（生涯）にわたる日本型競争システムであった。年功制体系から能力主義人事体系への推移にもかかわらず，こうしたこれまでの日本的な要素は色濃く残っている。個人の職務の範囲が曖昧で，集団的職務遂行と協調性を重視する日本企業の経営風土では，能力主義もアメリカとは異なって，日本的な能力主義にならざるをえないのである。勝者と敗者を明確にする徹底した競争社会に日本が変わり得るのか，それとも日本の社会的風土に立脚した新しい日本的な競争システムを確立できるのか。このことは，今後の日本的経営の重要な課題の一つになるだろう。

(4) 現場主義と企業内熟練

このほか，終身雇用制と年功制の崩壊の可能性とともに問題となるのは，これまでの日本的経営の一つの特徴であった現場主義と企業内熟練形成である。

日本企業の強みを支えてきたのは，生産現場の重視であり，生産現場に根づいた品質管理グループやゼロディフェクト運動などの小集団活動，ホワイトカラーとブルーカラーとの小さな格差，そして，現場主義の根幹となっている企業内熟練形成であった。日本の学校教育，とりわけ，大学教育が，欧米に比べて実践的教育を欠いていること，企業の採用人事において，学業成績よりも人物中心の採用基準をとっていることも，必要な知識・技術は企業内で教育するという前提があったからである。これまで，学校教育機関，特に大学教育は真の教育機関であるよりは，厳しい入学試験による人材の選別機関にすぎなかったのである。生産現場の熟練労働者の育成はもちろん，研究開発部門の技術者の育成などは，先輩による長期にわたるOJT（職場における教育訓練）や整備された企業内教育体系による成果である。マニュアルの作成や詳細な職務規定書によっているアメリカ企業に対して，日本企業では，企業内の人材や職場集団に技術が蓄積されてきた。

アメリカのドリンジャーとピオレによると，教育や訓練には一般訓練と特殊訓練とがあり，学校教育はどの企業でも通用する一般訓練を施し，企業内教育

は，その企業固有に必要とされる特殊な訓練を施すという。彼らは，産業界の技術革新が進めば進むほど企業においては特殊訓練の必要性が増すことになる（特殊訓練仮説）とし，日本企業の技術的成功は，終身雇用を前提とした長期にわたる企業内教育と熟練形成が，このような特殊訓練を可能としたという。このことは終身雇用制のもつ大きな特徴である。しかし，近年における若者の間の3K労働の忌避現象はもちろん，終身雇用の崩壊は，このような熟練形成過程と企業内技術の蓄積方式に大きな変更を迫ることになるだろう。

(5) 日本企業の閉鎖性

　日本的経営のもう一つの問題は，企業の閉鎖性である。企業の経営者や従業員はわれわれの会社という身内意識が強く，企業の利益や企業イメージを維持するために，社会規範を欠いた行為でも是認あるいは黙認する傾向がみられる。近年における倒産企業の不正の発覚は，たまたま倒産したために明らかになったにすぎず，日本企業の不正行為のほんの一角にすぎない。これは，たんに企業倫理やトップ経営者の姿勢の問題にとどまらず，日本企業の最高意思決定機構のありかた（企業統治・コーポレート・ガバナンス）と関連している。企業間の株式持合に起因する一般株主の軽視と株主総会の形骸化，会長・社長の部下にすぎない内部昇進者で占められた取締役会。日本企業の不正の環境要因は，たんなる倫理問題ではなく，このような日本企業がおかれている構造的問題なのである。株主総会の同時開催の解消，社外重役の増加，経営担当機能と経営監査機能との役員会分離など，いくつかの解決策が論じられている。こうした日本企業の環境要因の改善なくしては，日本企業の倫理的再生は困難であると思われる。

参考文献

　日本的経営論の全体を知るには，
　津田眞澂編集『現代経営学第10巻　現代の日本的経営』有斐閣　1992年がよい。とくに第5章は，これまでの日本的経営論の論者の観点を知るうえで役立つだ

ろう。

　日本的経営に関する外国人による最初の本格的な報告としては，

　James C. Abegglen, *The Japanese Factory : Aspects of its Social Organization,* The Free Press, 1958. （占部都美訳『日本の経営』ダイヤモンド社　1974年）

　下記は前著の改訂版だが，本文で述べたように最終章の日本的経営に関する評価の部分のみが改訂された。

　James C. Abegglen, *Management and Worker : The Japanese Solution,* Sophia University, 1973. （占部都美監訳『日本の経営から何を学ぶか』ダイヤモンド社　1974年）

　日本的経営論におけるイエ説の代表の一人である間宏の書物としては，

　間宏『日本労務管理史研究』御茶の水書房　1978年

　間宏『日本的経営の系譜』文眞堂　1989年などがある。

　前者は，間宏の主著で戦前までの日本の労務管理史に関する実証的で本格的な研究である。後者は，比較的初学者を対象として書かれた労務管理の歴史である。

　三戸公のイエ説を知る上で重要な書物としては，

　三戸公『家の論理1　日本的経営論序説』文眞堂　1991年

　三戸公『家の論理2　日本的経営の形成』文眞堂　1991年

　日本的経営論のムラ説の代表的書物としては，

　岩田龍子『日本的経営の編成原理』文眞堂　1977年

　岩田龍子『現代日本の経営風土』日本経済新聞社　1978年

　また，共同生活体と日本的経営との関係については，

　津田眞澂『日本的経営の論理』中央経済社　1977年

　津田眞澂『日本的経営の台座』中央経済社　1980年

　直接日本的経営を論じたものではないが，社会集団の形成に対して親族構造の影響を論ずるものとして，

　F. L. K. シュー（作田啓一，浜口恵俊訳）『比較文明社会論』培風館　1971年

　なお，訳書は Francis L. K. Hsu, "Clan, Caste and Club" を中心にシューの他の論文を収録したものである。

　日本的経営の文化論的アプローチ批判としては，

　占部都美『日本的経営を考える』中央公論社　1978年

　占部都美『日本的経営は進化する』中央経済社　1984年

　また，社会関係・人間関係の結合方式（一体化結合論）から日本的経営を説明しようとする試みとしては，

　西田耕三『日本社会と日本的経営』文眞堂　1982年

第5章　日本的雇用慣行の転換

5−1　年功賃金制から成果・業績給へ

(1) 転換期を迎えた雇用制度

　前の章では終身雇用制と年功賃金制をはじめとする日本的経営の評価や背景，また，そのゆらぎについて論じてきた。終身雇用制については，戦後からバブル経済崩壊後まで，合理化，省力化，リストラの名目で人員整理が行われてきており，日本には事実上終身雇用制なるものは存在しなかったという説もある。しかし，不況期はともかく，これまでは労使双方が終身雇用制を前提に労使交渉や企業経営を行ってきたのも事実である。終身雇用制は，従業員の雇用と生活の安定に寄与することはもちろん，従業員の企業忠誠心を高め，企業内熟練形成の基盤ともなるといわれてきた。しかし，年功制と連動した終身雇用制では不況期に雇用過剰となるほか，高齢化社会に向けて企業の賃金支払い負担は大きくなっていく。

　今後の動向として予測されることは，一部の基幹労働力を制度ではなく事実上の終身雇用制の下におきながら，かなりの部分の労働力が流動化することである。また，職能給や成果・業績給の普及・拡大によって，賃金体系に占める年功賃金的要素は次第に薄れていくものと思われる。年功賃金制が払拭されれば，終身雇用制を維持することは困難ではないとする企業側の見解もある。しかし，昇進や賃金における年功的要素の解消は，労働力の引きとめ効果を失い，好況期においては労働者は有利な転職先を探すことになり，雇用・労働関係の流動化は一挙にすすむことになるはずである。しかし，実際には転職に関する労働市場が未整備のため，こうした雇用の流動化もあたらしい労働市場の

整備と歩調を合わせて進行していくものと思われる。平成10年の労働白書が，新しい労働市場が整備されるまでは雇用慣行の変化は急激に進められるべきではないと述べているのは，雇用慣行の急激な変化に伴う社会的摩擦や雇用のミスマッチ，失業者の増大を懸念してのことである。

本章では，これまで経営・労働界で課題となってきた年功制から能力主義への移行，女性労働や単身赴任問題，労働時間の短縮問題などが，年功制と終身雇用がセットとなった日本的雇用慣行と深く関連していることを明らかにすると同時に，問題解決の新しい試みや動向について述べたいと思う。

こうした問題は，実際には個別ごとの解決には限界があり，総体としての日本的雇用慣行の手直しや転換が必要なのである。その意味でも個別的事象が，日本的雇用慣行とどのように関連しているかの認識は重要であると思われる。

(2) 年功給賃金体系とその意味

賃金は本来，労働の対価（あるいは企業への貢献に対する報酬）として支払われるものであるが，労働や成果の評価方式が多様であるため，さまざまな形態がある。また，賃金は労働の動機づけ要因や職場不満要因として作用する場合も多く，企業が組織改編を行うときには，賃金体系の改編を伴うときが多い。

賃金体系には，「安定性」と「納得性」が必要である。賃金は動機づけ要因として作用するだけでなく，従業員の生活や将来設計の基礎となっている。そのため，賃金体系の頻繁な改編は，たとえ企業側にとって必要なものであっても，従業員側にとっては，職場での努力目標の変更，生活の不安定，将来設計の修正などを強いられることになる。また，賃金は支払い原資があり，支払い額に限度があるだけでなく，従業員に均等に支払われるものではないから，その方法に関して企業側と従業員間の間で納得性があるものでなければならない。この納得性は，時代や世代，従業員の属性によって異なることが多いため，賃金体系の納得性は困難な課題でもある。

年功賃金制と生活給賃金

　日本の伝統的な賃金体系は，第3章でも述べたように年功賃金制であった。しかし，年功制とはいっても，戦前は職員（ホワイトカラー）と工員（ブルーカラー）との間に身分の差があり，職員は年功制で月給制，工員は年功制や終身雇用の枠外で，日給制であった。また，同じ職員でも，採用時点から大学，旧制専門学校などの学歴の差だけではなく，学校間で差があり，こまかく大学間の学校差が規定されていた。たとえば，三井系の場合，初任給は，帝大理工科系の場合，各大学で75円から60円まで差があり，さらに帝大（法経），東京高商・神戸高商は50円，慶応・早稲田（理工），他の高商は44円，早稲田（法政経），他の専門学校は38円，中学・実業学校は23円～25円（以上1923年）であった。帝大間でも格差があり，私大系でも慶応が早稲田より初任給が高かった。学歴・学校歴の格差，職員と工員間の格差など，現在の時点からみれば，きわめて大きな格差であった。

　戦後，職員と工員間の身分差が撤廃され，工員も終身雇用と年功制賃金の対象となった。当時の労働組合が要求した工員への年功賃金制への適用に関する根拠は，賃金は労働者が家庭に対する責任の増大に比例して支払われるべきであるとする「生活給賃金体系」であった。それが，年功賃金体系でもあったのである。このことの認識は日本の賃金体系を考える上で重要である。かくして，戦後の日本企業の賃金体系は，学歴，年齢，勤続年数，男女差などで格差をつけながら，労働者の家族への責任を軸とする年功賃金体系を臨時雇いを除く全労働者に適用することになった。当時としては，この賃金体系が「納得性」があったのである。

　戦後，一貫して，大学，短大，高校間の学歴による賃金格差は縮小してきた。もちろん，学歴間格差の縮小は，高学歴化や学歴間の能力差の縮小など経済合理的理由もあるが，戦後社会の平等化意識を反映した結果でもある。しかし，格差は縮小されたとはいっても，年功賃金的要素による世代間格差は依然として存続してきた。

戦後の給与体系は，こうした学歴間格差や年功賃金を基礎（属人給）としながら，これに仕事給的要素を付加することを中心に展開してきた。

(3) 職務給

最初に，広く普及したのは，職務給である。職務給は，当該職種に必要な知識や習熟の水準，責任の大きさ，要求される判断力の程度，精神的負荷や肉体的負荷の大きさ，危険度などを総合的に勘案して，職種ごとに給付すべき賃金額を決定するものである。単一職務給は，職務による賃金額を固定する方式で，範囲職務給は，特定職種の職務給の額に一定の幅をもたせるものである。アメリカの場合，ブルーカラー職種では，職務給が基本であるが，各職種ごとに5段階程度，賃金額にして20％程度の幅をもたせた範囲職務給が一般的である。したがって，アメリカでは，特定業種で習熟の域に達すると，それ以上には賃金は上がらなくなる。アメリカのブルーカラーの場合，30歳台以降になると年齢別賃金曲線の上昇がとまり，横向きになるのは，こうした賃金体系があるからである。アメリカでは，詳細な職務記述書がつくられており，ホワイトカラー，ブルーカラーを問わず，この職務記述書に記載された職務を基礎に組織が運営されている。

日本で導入された職務給も範囲職務給であるが，アメリカの場合よりも幅が広く，さらに年功賃金と切り離して導入される場合でも，職務給の基礎に定期昇給の部分を含んでおり，事実上は年功賃金制を基礎としたものであった。

職務給の問題点

日本の場合，職務給にはいくつかの問題があった。まず，日本では集団的に職務を遂行する労働慣行があるため，職務の幅が広く，実際には職務は限定されたものではない。このため，限定された職務を基礎とする職務給は，労働実態とあわない場合が多いのである。あるいは，職位という上下関係を反映した，本来的には職務給の趣旨とは異なる体系となってしまう。さらに，日本の

企業では，個人の業務も長期的にみれば，配置転換によって職種が変わる場合が多く，職務給に基礎をおいた給与体系では，配置転換のたびに給与が変わることになってしまい，組織の運営に支障が生ずることになる。

(4) 職能給と職能資格制度

こうした日本企業の労働慣行の実態から，役職など職位に関する賃金を役職手当など本給とは別途に支給する方法が一般化する一方，他方では，職務給体系に代わる給与体系が形成された。それが職能給である。職務給が職務という仕事の中身に基礎を置くのに対して，職能給は職能という個人の職務遂行能力に基礎を置く給与体系である。すなわち，さまざまな職務を，当該職務を遂行していくうえで必要と思われる能力別に階層化し，序列化する。この場合，事務，営業，技術，生産などの部門の差は問わず，それらの部門ごとに下位の職務から上位の職務に階層化されることになる。職能とは，階層化された職務群のどの水準の職務群を遂行できる能力があるかで査定される。したがって，職能とは，個々の具体的な職務を遂行する際に発揮される個別的で具体的な能力ではなく，同階層のさまざまな職務に共通する一般的で抽象的な能力である。この職能は10等級前後に等級づけられ，給与体系と連動することになる。概念図を示すと，図表5−1のようになる。具体的な職務名は煩雑になるので示さないが，部門によって異なっている。

職能資格制度と導入の背景

こうして導入された職能給は，昇進管理と結びついて職能資格制度と呼ばれる人事管理制度となって展開していく。職能資格制度は，1990年代には大企業の7割ほどが採用する典型的な日本の人事制度となった。この職能資格制度が日本の企業に広く採用されていった背景には日本企業が抱えていた人事制度の問題が絡んでいるので，この点について説明しておこう。

終戦直後は，生活が苦しいため賃金に対する動機づけが強かったが，高度成

図表5-1　職能資格制度の概念図

職能等級	職掌	主たる職位	資格	職能の内容	具体的な職務
X	管理職掌	上級管理	管理職1級	上級管理業務	具体的な職務は、事務系（総務、人事、経理など）営業系、技術系、生産系で異なる。また、具体的な役職名も部門によって異なる。
IX			管理職2級	専門管理業務	
VIII		一般管理	管理職3級	企画立案業務	
VII			管理職4級	指導業務	
VI	事務技術職掌	上級事務	事務職1級	複雑判断業務	
V			事務職2級	判断業務	
IV		一般事務	事務職3級	複雑業務	
III			事務職4級	日常業務	
II	技能職掌	上級技能	技能職1級	定型技能業務	
I		一般技能	技能職2級	定型単純業務	

長期に入り，社会が安定し，生活水準が向上するにしたがい，高学歴化の進展とあいまって，昇進が勤労者のもっとも強い動機づけ要因となった。しかし，低成長時代に入り，企業の急速な組織拡大が鈍化すると，従業員に割り振られる役職位の数は限られてくる。このため，従来の役職間に中間的段階の役職を新たに設ける傾向が強まった。部長職と課長職との間に次長職がつくられ，課長職と係長職との間には課長補佐や課長代理などの役職が，係長の下には主任などの役職がつくられた。こうしたインフレ人事は，従業員の昇進意欲や肩書志向をしばらくの間は充足することができた。しかし，給与面での処遇問題は別としても，やがて，昇進候補者の滞留が生ずるようになった。より大きな問題は，組織の階層数が多くなったため，指揮系統の乱れや組織の非効率性が露呈することになったのである。

専門職制度

こうした時期に，技術系を中心として専門職制度が取り入れられるようになった。専門職制度は，高度な技術を有する人材を管理職にしないで，業務の第一線に温存しておくことを目的とした制度である。専門職となった者には，役

職者と同じ，あるいは新規の職位の名称を与え，部下はつかないが，給与の面で同等の役職者と同じ処遇をしようというものである。これによって，管理職ポストの不足を補い，管理職には向かないが専門的な技術をもつ者を，研究開発やその他の技術部門の第一線に配置する道が開けるようになった。

　はじめ，技術系を中心として採用された専門職制度は，他の部署にも採用され，やがて，問題となっていた役職ポスト不足対策として転用されるようになっていった。しかし，専門的知識の保有とは無関係に専門職位につけるとすれば，専門職制度はたんなるポスト不足対策となってしまう。

職能資格制度の合理面

　このような時期に，職能資格制度は，より合理的な人事制度として登場することになる。

　職能という概念は，異なる部門間を横断する共通の概念であるため，あらゆる職種を通じた包括的で一元的な人事管理ができることになる。これにより職務給体系の下でみられた配置転換の際の給与面や職位の面での問題が解消される。さらに，給与は職能等級と連動し，役職とは無関係であるため，給与面での問題から離れて人材の適正配置が可能となり，組織の柔軟性や効率性に寄与することになる。また，職能等級を細かく設定することによって，小刻みな昇格が可能となって，ポスト不足対策ともなり，動機づけ要因や自己啓発の契機ともなるのである。

　職能資格制度では，給与体系のうち職能給に相当する部分は職能等級で決定されることになるが，職能等級と従来の部課長などの役職との関係では，①直接的な関係がある場合，②ゆるやかな関係がある場合，③ほとんど関係がない場合，の3タイプがある。

　第1の直接的な関係があるタイプは，部長職や課長職が職能等級のうちのいくつかの等級と対応している場合で，職能資格制度の導入初期の企業に多い。人材の適正配置としては問題があるが，同じ役職位でも何段階か昇格していく

のでポスト不足対策と昇格による動機づけの面で意義がある。また，役職の階層性を簡素化し，組織効率を高めることができる。

第2のゆるやかな関係があるタイプは，現在の職能資格制度の一般的な形態である。このタイプでは，同じ職能等級でも役職位にかなりの開きがでることになる。役職の階層性を簡素化できるなど，第1のタイプと同じ利点をもっていることは当然である。これに加えて，管理職位に適する人材を昇進させる一方で，管理職位には向かないが，第一線の業務に適する人材を部下のつかない役職につけ，職能等級によって給与の面で処遇することができる。人材の適正配置や他部門への配置転換も効率的に行うことができる。

第3のタイプは，第2のタイプをすすめた形態で，職能資格制度の究極的な形態である。

こうした職能資格制度は，職務中心の欧米型の企業組織に対して，集団的職務遂行を軸とする日本型企業が，職能という概念によって個人の能力を査定し，日本の企業風土にかなった能力主義を導入しようとする和洋折衷型の制度である。しかし，この日本型の能力主義にはいくつかの問題点がみられた。

職能資格制度の問題点

まず，職能資格制度の第1の問題点は，ほとんどの職能資格制度の中で職能等級の最低滞留年数や最長滞留年数が設定されていることによって，従来の年功型昇進体系や年功給的要素が残存していることである。最低滞留年数とは，上位の職能等級へ昇格するのに必要な最低の年数である。この年限を経なければ，職能があるとみなされても昇格することはできない。また，最長滞留年数とは，この年数を経ると自動的に上位の職能等級へ昇格する年数である。この制度によって人事や給与が年功的要素を強く帯びることになる。最初に賃金体系には安定性と納得性が必要であると述べたが，こうした年功的要素の残存は賃金体系の安定性の部分を構成しており，これに時代の要請である能力主義（納得性）と合体させた，まさに日本的な制度であるということができる。

職能資格制度の第2の問題点は，この制度の根幹である職能の概念の曖昧性にある。職能という概念は，個別の仕事において発揮された能力やその業績によって判定されるのではなく，個人が潜在的にもっている，現在あるいは将来において，さまざまな職種で発揮されるであろう能力である。このことは，能力判定の基礎が仕事中心主義ではなく，人物中心主義であることを意味する。また，職能の判定が，上司による人事考課に依拠しているため，部下は必要以上に上司との人間関係に気を使うことになる。昇格のために試験制度を導入している企業も多いが，仕事と直接結びつかない試験制度は，仕事の成果よりも試験のための準備に時間と労力を使うことになる。

(5) 成果・業績給と目標管理制度

このような職能資格制度のもつ欠陥を改め，より積極的な仕事を中心とした業績主義に転換するために導入されたのが，成果主義に基づく年俸制とそれと結びついた目標管理制度である。

年俸制の基本的な考え方は，個人とその上司との間で，個人の年間の目標とそれを達成した場合の年俸について取り決め，年度末に成果と目標達成度に応じて翌年度の年俸を確定し，その目標についても新たに確定する方式である。この年俸制の厳格な方式では，定期昇給がなく，給与項目が細分化されておらず，賞与も年俸の中に含まれる。すなわち，特定の目標の達成に対して給与総額としての年俸が決められるわけである。実際に支払われる給与は，目標の達成度に対して，一定の比率を乗じた額となり，成果次第では減給も行われる。

従来型歩合制との相違点

このような業績給は従来からあった歩合制的な成果給とは根本的に異なる要素をもっている。従来の歩合制は，営業部門が中心で，しかも与えられた営業方式や戦略にしたがって売上の数だけを競うものである。これに対して，目標管理制度と結びついた年俸制では，上級管理職では戦略の策定とその成果が問

われ，現場ではミッションやビジョン，戦略的方向性のみが上部から示され，「具体的に何をなすべきか」といったミッションを達成する方式は自らが策定しなければならない。すなわち，組織の各階層において，責任と役割が定められ，その役割のもとで自律性を重視し，自らが役割を実現する方法を自主的に策定し，実行していくわけである。従来の歩合制では，労働の動機づけが，単なる賃金の額に依存しているが，目標管理制度と年俸制では，賃金だけではなく，労働に自律性を与え，働く者の創造性や企画性を育成し，労働に完結性を与える点で，「職業生活の質の向上」（QWL運動）や「労働の人間化」に寄与することもねらいとしている。

成果・業績給の導入の背景

　日本の企業における年俸制の導入は，バブル経済の崩壊後，急速に普及し始めた。年功賃金制下における従業員構成の高齢化，加齢に伴って能力が低下した管理職者の処遇問題，不況における人件費原資の縮小などが，年俸制導入の社会的背景となっている。特に，加齢により能力が低下し，一方で賃金額が高い管理職者の刺激策や動機づけ策として登場した背景を見過ごすことはできない。1999年の時点で日本の大企業で年俸制を導入している企業は，上級管理職で3割，下級管理職で2割であるが，一般職では5％程度にすぎず，この制度が賃金額が高い管理職群を対象としていることが分かる。すなわち，年俸賃金制は，現時点では，賃金額が少ない若年の一般職を素通りした，人件費総額の減額案に過ぎないのである。すでに述べたように，年功賃金制の下では，管理職の賃金は過去の貢献に対する後払い的要素があるので，管理職になって突然の年俸制の導入では，納得性は得られない。

　しかし，当初の導入の目的が，人件費の削減にあったのであれ，仕事の成果を基礎とした成果・業績給は管理職を中心に一般職まで徐々に普及していくものと思われる。職能という人物中心の能力評価では，実際の業績と結びつかなくても，意見，態度，意欲，忠誠心，潜在的能力などの情意的要素が，上司か

ら高く評価される傾向があり，企業内に集団的な馴れ合い的風土を生み出すことが多いからである。企業に賃金支払い原資が縮小した現在や今後において，企業の総体的な利益を，従業員がその実際の貢献度において分け合うという方式がより納得性が得られるであろう。職能評価が，企業への貢献意欲といった情意的要素に左右される傾向があるのに対して，成果業績給（年俸制）は，実際の仕事に基礎をおいた給与体系であるということができる。

過渡期の成果・業績給

ところで，年俸制や成果・業績給を導入している企業においても，厳格な成果・業績給方式は少なく，分割型や併用型が多い。分割型というのは，基本給と賞与を制度的に分離し，基本給の部分は従来の賃金体系とし，賞与の部分を成果・業績給とするものである。支払い形態としては，基本給部分は毎月の支払い，賞与の部分は成果・業績給として賞与を支給するときに支払われる形態である。あるいは，賞与の支給を廃止して，年俸を確定するが，賞与の割合に相当するもの（17分の5前後）を成果・業績給の割合とするものである。これは，近年においては基本給の数ヶ月分を賞与とする事実上の賞与の基本給化現象がみられるが，賞与が本来は成果・業績に応じて支払われるものであるという考え方によっている。いわば，管理職者をはじめ従業員に対して成果・業績給を導入するにあたって納得性を得やすくした方式である。これに対して，併用型は，給与総額の一定の割合を固定給とするか，従来の給与体系を踏襲し，残りの一定の割合を成果・業績給とするものである。これは，本格的な成果・業績給を導入するまでの過渡期の制度であると考えられるが，賃金体系の安定性を重視した考え方である。

成果・業績給の問題点

年俸制（成果・業績給）と目標管理制度にも問題がないわけではない。企業内には，目標管理には向かない部門（研究開発，財務・経理，人事，総務）な

どがある。研究開発は，長期の創造的な職種であり，短期的な成果・業績の判定には向いていない。財務・経理，人事は受身の業務であり，目標管理には適しない。また，総務はサポート業務であり，これも成果・業績管理には適しない部門である。これらの職種はむしろ職務給や職能給体系に適した部門であるということができる。

また，成果・業績給を厳格にとりいれる方式では，同じ職位で給与に3倍程度の開きがみられる企業もある。協力や協調性を重視する日本企業の経営風土にあって，個人主義的な厳しい競争を経験したことのない日本人に，競争によるこのような大きな格差を直視できる風土がはたして形成されるのか，疑問視する向きも多い。

さらに，本来，職能資格制度を導入する際の目的の一つが，企業横断的な一括的な給与，昇進・昇格制度を設けることによって，配置転換を容易にするということであった。目標管理と成果・業績給は，日本企業の配置転換やジョブローテーションという労働慣行とどのように適合するのか，この問題に対する対策はまだ出されていない。現段階では，年俸制を中心とする成果・業績給は，管理職を中心としているが，一般職まで普及拡大するにしたがって，問題が顕在化してくると思われる。

これまで賃金体系のうち，基本給体系について論じてきたが，このほかに手当（特に，日本的特徴である生活手当）や退職金問題について論じておこう。

手当と退職金

成果・業績給の普及とともに一部の企業では，生活手当類を廃止する企業もみられるが，きわめて少数であり，企業風土として，一方では能力主義的要素が強まっていくものの，年功給的要素の残存とあわせて，生活手当類は存続していくものと思われる。

一方，退職金については，新たな動きがみられる。退職金ついては，賃金の後払いとする考え方と企業に対する功労金的な考え方がある。いずれにしろ，

これまでは退職後の生活を保証する原資と考えられてきた。企業の一般的な動向として，高齢社会の到来や今後予測される団塊の世代の大量退職などによって，企業の退職金支払い負担が増加することである。このため，退職金の一括支払いを猶予して，一部を年金化して分割して支払う方式が検討・実施されている。また，退職時に受け取るべき退職金を前倒しして，通常の給与に上乗せして支払う方式が，一部の企業で実施されている。事前に受け取るか退職時に受け取るかは，従業員の選択に任せられているが，一部の若年層を除くと選択者は少ないようだ。このほか，退職金に業績給的要素を加味する方式が成果・業績給の採用とともに実施されている企業もある。退職金の算定額は，退職時の基本給を基礎に勤続年数に一定の比率を乗じた額を基礎とする場合が多いが，この方式では長期勤続者が有利で，企業に貢献した度合いが考慮されない。そのため，勤務時に成果・業績給の算定と合わせて，企業への貢献度を算定し，その貢献算定額を積み上げて退職時に支払うものである。この方式であれば，中途採用者で貢献度が大きいものが不利益をこうむることはなくなり，中途採用者の動機づけとして機能することになる。退職金が後払い賃金的要素をもつとすれば，基本給体系に成果・業績給的傾向が強まっていく中で，退職金もこれに連動することが，合理性があると思われる。こうした動きは，まだ一部の企業に限られているが，今後の成果業績給の採用動向や中途採用者の増加動向によっては，退職金制度にも時代的な変化がみられるかもしれない。

(6) 賃金体系の変容の背景

以上，これまで戦前から現在までの賃金体系の変化の方向をみてきた。賃金体系には安定性と納得性が必要であるが，日本企業における賃金体系の安定性は年功賃金的要素が，職務給，職能給，成果・業績給の賃金体系の一部に残存しているところにみることができる。日本的経営と労働慣行の伝統的部分といえる。一方，賃金体系の納得性は時代とともに変遷がみられる。戦前では学歴を中心とする身分的要素が強く，給与にかなりの格差が存在した。戦後の平等

意識の浸透によって，こうした学歴間格差が縮小し，生活給賃金の観点から年功賃金が選好された。高度経済成長によって生活が一応の安定をみると，能力主義的傾向が強まり，日本的な職能資格制度の確立をみた。さらに，能力主義的要素は，潜在的な能力という人物主義に基礎をおいた職能概念から，成果・業績という仕事の結果主義的方向へと移りつつある。

総じて，日本企業の賃金体系は日本的経営の基本的部分を根幹とし，時代の要請を取り入れながら変化しつづけているといえよう。こうした意味から，日本企業は欧米と比較した場合，依然として年功賃金的であるともいえるし，日本的な能力主義の時代が始まったともいえるのである。

5-2 日本企業が抱える問題―女性労働問題と単身赴任問題

(1) 日本的雇用慣行と女性労働問題

女性の就業パターンの変化

欧米では，戦前は女性は専業主婦が多く，女性の職場進出が始まったのは，二つの世界大戦を契機として出征する男子に代わって女性が働くようになってからである。世界大戦に参加した先進国の国々で女性の労働力率が高いのは，このような歴史的背景がある。日本では，もともと農業分野では女性の労働力率が高かったが，戦後，先進国の後を追うように事務部門などの分野でも女性の労働力率が高まった。しかし，日本では，学卒後の数年間を職業生活にあて，結婚と同時に退職するといった「社会見学派」的な就業形態が長く続いた。子育てが終わるか，子どもから手が離れるようになった40歳台から女性の再就職が始まるが，日本の雇用制度の問題もあって，臨時雇いやパート労働につくことになる。

こうした日本の女性の就業パターンを労働力率であらわすと，20歳台後半から30歳台にかけて大きな労働力率の落ち込みを示すM字型となり，「M字型曲線」は日本の女性の就業パターンを示す代名詞として使われてきた。日本

でM字型の落ち込みが大きいのは、ほとんどの女性が結婚適齢期信仰などを含めて、類似した行動パターンをとったからである。欧米では、結婚や出産などの時期には多少の落ち込みはあるものの、40歳代でまた上昇に転じる労働力曲線となり、その曲線のイメージから「馬の背型曲線」と呼ばれた。

日本の労働力曲線も時代を経るごとに、M字の落ち込みが目立たなくなり、将来は欧米型の馬の背型曲線に移行するものと予測されている。

女性労働の進出パターン

しかし、日本では他の先進諸国とは異なった特殊な事情がある。終身雇用制の下では、従業員の職場配置や昇進が、将来の幹部要員の人材育成を考慮して行われる。企業内教育の充実と企業内熟練形成は、終身雇用制の下での日本企業の大きな特徴である。統計的にみて、勤務期間が短い女性従業員に長い期間をかけて教育投資をするわけにはいかない。また、いつ退職するか分からない女性従業員を責任のある重要なポストにつかせるわけにはいかない。これが、これまでの日本の企業の論理であった。

これまでの女性の職場進出を職場の事情の観点からみてみると次のように概念化することができるであろう。①第一段階は男性従業員中心の職場である。事務部門では、女性は受付や秘書的業務など女性の特性を利用した職種に限られる。②第二段階は男女分業型で女性は補助業務に割り振られる。これは、労働力不足によって男性従業員が足りなくなり、その不足分を女性労働力で埋める段階である。従来、男性がしていた職務を、基幹的な業務と補助的な業務とに分割し、補助的業務を女性従業員の職務とするものである。補助業務はキャリアの浅い仕事で、教育投資も低いコストですむ。また、技能の向上も1年ないし2年でとまるが、結婚などで退職する勤務期間とおおむね一致しており、新規の女性従業員の採用ローテーションによって、職務の継続が可能となる。不況期に男性に比べて女性の就職率が著しく低くなるのは、このような理由によっている。③第三段階は、意欲があり、専門性のある女性を活用する

段階である。女性の高学歴化や定着率の向上，さらには女性に適した専門的業務の増加によって，女性労働力の活性化が重視される段階である。しかし，通常の業務分野では依然として男女の分業型が支配的である。日本の現状では第二段階からこの第三段階への移行期にあると思われる。特に，男女雇用機会均等法の実施によって，コース別人事制度が一般化し，意欲のある女性と通常の女性との選別化が行われるようになった。④ 第4段階は，男女平等型である。男性であるか女性であるかが問題とならない段階であるが，日本では一部の専門職や資格を必要とする職場や職種を除いて極めてまれなケースである。

男女雇用機会均等法とコース別人事管理

女性労働問題については，男女雇用機会均等法などの法規制の問題と日本の企業の特殊な事情とが関連しているので，この点について述べておこう。

1986（昭和61）年に男女雇用機会均等法が施行された。定年・退職・解雇や賃金に関する男女差別が全面禁止されるとともに，教育訓練，福利厚生などの差別が一部禁止された。しかし，募集・採用に関しては「男性のみ」の募集が禁止されたが，「女性のみ」の募集は女性の就業機会を狭めない意味から許可された。また，昇進や配置については，日本の企業では，これらが将来の人材育成を考慮して行われることに配慮し努力義務となった。

1986年の雇用機会均等法に実施に伴って，男性のみの募集や採用ができなくなったため，多くの企業では総合職と一般職とを区別するコース別人事管理が始まった。総合職は，幹部職候補要員で昇進や給与面で優遇されるが，転勤があり，出張や残業も多い。これに対して，一般職では昇進や給与の面で不利ではあるが，転勤がなく勤務地が決められており，出張や残業も少ない。このコース別人事管理は，働く意欲ではなく，女性が忌避する転勤を踏絵にしており，従来の男女別管理を維持するための方策であるいわれた。また，総合職として入った女性職員も昇進や業務配置に関して男女差があるとする報告も多く聞かれる。

雇用機会均等法は施行された当初から10年ほどの猶予期間をおいて，改定される予定であった。1999年4月1日より，改正雇用機会均等法が施行されているが，社員寮など変更が容易でない一部の厚生施設を除いてほとんどすべての事項で男女の差別は禁止となった。すなわち，従来は努力義務として猶予されていた昇進・配置に関する差別が禁止になったほか，募集・採用において「女性のみ」の募集方法が禁止，また，一部認められていた教育訓練の男女差も包括的に禁止となった。さらに，行政側の指導勧告に従わない企業名を公表する制裁処置ももりこまれた。法の上からでは男女の完全な機会の均等が求められるようになったのである。

こうした雇用機会均等法の改正に伴い，労働基準法における女性の保護規定が解消された。これは，女性を社会的弱者として保護する労働基準法の規定が，かえって女性に対する差別の源泉となるという理由からである。すなわち，女性の時間外労働，休日労働，深夜業の規制が撤廃され男女差が解消された。しかし，生理休暇や産前産後の特別措置はそのまま残された。これは女性を弱者とみなす保護規定は解消する一方，子を生むという女性のみがもつ母性的機能は，社会が共通して負担すべきであるとする考え方によっている。

女性労働問題の課題

女性の労働問題は，改正雇用機会均等法の施行に伴って，新しい局面に入っていくと思われるが，日本の特殊な事情を考える時，乗り越えなければならないいくつかの問題がある。一つは，すでに述べたように，日本的な雇用慣行の下では，昇進や配置が長期勤務を前提とした，人材の育成を考慮して行われるので，統計的にみて勤務期間が短い女性にとって，日本の終身雇用制が女性に不利益に作用していることである。第2に，このような雇用慣行のもとで，女性が結婚後も継続して働くためには，託児所などの施設が決定的に不足しており，第3に，こうした背景のために，今後も出生率が低下することが予測され，長期的にみれば国力の低下につながっていくことが危惧される。

今後若年労働力は急速に減少していく。高学歴で優秀な女性労働力をどのように人材育成していくか，また，育児から解放された女性をどのように再雇用し，その能力を活用していくは，今後の企業活力を左右することになるであろう。女性に従来の男性と同じように，一方的な転勤，残業などを強いるのではなく，女性にとって働きやすい職場は，男性にとっても働きやすい職場であることを認識すべきであろう。家族の充実や老親の介護など生活の真の豊かさや心の安らぎを求める時代には，家庭がないがごとく働かざるをえないこれまでの雇用慣行は転換点に立たされているといえよう。

(2)　単身赴任問題
日本企業における配置転換の背景
　次に，日本企業がかかえる単身赴任問題について考えてみよう。
　日本企業においては，雇用調整を解雇ではなく，配置転換によって行うため勤務地の変更を伴う転勤が多くなる。配置転換は一般に，① 労働力調整，② 人材育成，③ 負担業務の交代，④ 不正の防止，などの目的のために実施される。労働力調整は，事業部門の統廃合や省力化などの措置によって，業務が変更になる場合である。第2の人材育成というのは，昇進やジョブローテーションなどさまざまな場合があるが，日本の企業の場合には，多くの職務についてゼネラリストとしてキャリアを形成していく。また，定年で毎年退職する従業員の穴を埋めるはずの新入社員は，人数の欠員は埋めるが，定年者がしていた職務を埋めるわけではない。したがって，毎年4月には全社的な人事異動が行われることになる。新卒者の定期採用と定期的人事異動は日本企業の特徴であり，そのため配置転換や転勤が必然的に多くなるのである。第3の負担業務の交代は，辺地業務や海外勤務，危険業務など負担が大きい業務の交代によって行われる配置転換である。第4は，特定の業務や特定の勤務地に固定している場合，不正や癒着の原因となることがあるが，これを避けるための配置転換である。官庁関係などで認可業務や監督をする部署に多いが，民間でも銀行業務

や証券業務などの分野でこのような意図での配置転換がみられる。

こうした日本企業の配置転換の多さは，必然的に勤務地の変更を伴う転勤の増加となる。従来は，転勤する場合，家族が帯同していたのであるが，近年は単身で赴任する傾向が増加し，社会問題として浮上することになった。労働省の調査では，1994年の単身赴任者総数は25万4,000人であったが，1998年では31万4,000人となり，近年においても一貫して増加の傾向をたどっている。

単身赴任の原因

単身赴任となる原因としては，①家の管理，②子供の教育，③老親の介護，④配偶者の勤務，などがある。政府の持家政策により，多くの労働者がマイホームを所有することになったが，転勤する場合にこの家の管理が問題となるのである。いったん貸家にすると，必要とする時にトラブルの原因になりかねない。借家法の一部改正や企業が貸家を管理するなどの方策がとられているが，転勤期間が明確でない場合が多く，根本的な解決とはなっていない。第2の子どもの教育問題には，受験期の転校を避けたい，高校の転校が容易でない，転勤による子どもの友人問題などの事情がある。また，老親の介護や共働き夫婦の増加によって家族が帯同して転勤できない事情が増加している。高齢化社会の到来や女性の長期勤続傾向の増加によって，このような事情はますます増加していくものと思われる。

単身赴任問題への対応

こうした転勤問題や単身赴任問題を解決するため，労使間の協議によって，転勤は若い従業員を主体として，中高年の転勤を避けるなどの措置をとっている企業や，転勤を一定期間避けることができる転勤猶予期間制度を導入している企業もある。近年の傾向としては，コース別人事管理の適用がある。コース別人事管理は，男女機会均等法の施行によって，女性を補助職として採用するための方策として生まれた経緯があるが，勤務形態の差を考慮した新しい制度

として生まれ変わる可能性がある。すなわち，勤務地の選定に関して，ナショナル社員（全国に転勤可能），ローカル社員（地方での転勤可能），勤務地限定社員などのコース別管理である。それぞれのコース別に昇進・給与体系が定められることになる。転勤と昇進をはかりにかける方式には問題があるが，一つの可能性をもった管理方式であろう。

前述した女性労働問題であるにしろ，転勤問題であるにしろ，これらの問題が年功制や終身雇用制という日本的経営の根幹部分から派生してくる問題であることの認識が必要である。また，時代の変化によって，従来の雇用慣行が社会との間の適合関係に齟齬をきたし始めた結果であるともいえる。こうした意味で，日本的経営も根本的な変革を迫られているといえよう。

5－3　労働時間短縮と就業形態の多様性への対応

(1)　年間総労働時間

日本の雇用労働問題の一つは，年間の総労働時間の長さである。ドイツ，フランスがすでに1,700時間を割っており，アメリカ，イギリスでも2,000時間を下回っている。これに対して，日本では1988年に2,111時間，1991年には2,016時間となり，バブル経済の崩壊以後は，不景気の影響もあって，ようやく2,000時間を割るようになり，1997年には1,900時間になった。労働時間の面では独仏はともかく，ようやく英米並みの水準には近づいたといえる。しかし，今後，景気回復後も継続して年間総労働時間の減少が続くかは微妙で，ほぼ頭打ちという観測もある。景気が回復すると，雇用調整が容易でない日本の企業の特性から雇用量を増加させるよりも，労働時間で調整する傾向があるためである。また，日本の企業の場合，従業員は上司や同僚に気兼ねして，有給休暇を消化する割合が少なく，そのため有給休暇分をふくめて全社一斉に長期休業する場合（5月の連休，夏や年末の休暇）が多い。しかも，全国的な傾向や関連会社や取引会社の動向などを考慮して決められることが多く，休暇に

関しても日本企業の横並び体質がみられる。有給休暇を一斉にとることによる長期休暇は、個々人の生活にあわせた有給休暇の趣旨とは異なるものであり、労働生活の質の面では問題であろう。

　労働力調整が容易でない日本の事情を考える時，労働時間管理とその多様性は重要な課題となる。新しい労働基準法では，フレックスタイム制や変形労働時間制，みなし労働時間制が認められているので，こうした制度を活用する企業が増加している。

(2) 新しい労働時間制の導入

フレックスタイム制

　フレックスタイム制は，出退社時間を柔軟に設定する一方で，全社員が勤務すべきコアタイムを定めるものである。コア時間を午前11時から午後3時に定めるとすると，早勤務の者は朝7時や8時に出社する代わりに，午後3時や4時に退勤し，遅出の者は午前10時や11時頃出社し，午後6時や7時頃退社することになる。コアタイムの時間が業務の連絡や会議の時間にあてられる。

　この制度のメリットは，①朝夕の通勤ラッシュをさけることができる，②個人の生活事情に合わせて勤務できる，③従業員が自立した仕事をすることによって，自己管理意識を育成できる，④企業にとっても無駄な時間や残業が減る，⑤企業のセールスポイントになる，などがある。

　しかし，デメリットとしても，①共同作業が円滑に進まない，②職場でのコミュニケーションの機会が減少し，社員間の意思疎通を欠く，③上司の出退勤に関する管理が困難になり，残業命令も出しにくくなる，④社外との取引に円滑性を欠く，などがある。これらの問題の多くが，日本の企業で職務が明確でなく，自己の職務に対して自らが管理して勤務するという慣行がないことや日本企業の会議過多症などが起因している。あるいは，職務能力や仕事の質・量を企業に提供するのではなく，労働時間を提供するという受身的な集団管理体制が問題の背景として存在している。

変形労働時間制

変形労働時間制は，繁期と閑期で労働時間を変える制度で，あらかじめ労使協定を締結している場合に可能となる。変形労働時間の単位としては，1週間単位，1か月間単位，1年単位などの形態があり，繁閑の差が著しい職場で，繁期には1日に8時間，週40時間の法定労働時間を越えて勤務する代償として，閑期には短時間勤務となる勤務形態である。変形労働時間の周期が3か月以内の場合は，1日10時間まで，1週52時間までの超過勤務時間が可能で，それ以上の場合には，1日9時間，1週48時間までの超過勤務時間が可能である。

このような変形労働時間は，労働量の繁閑の差が大きい，ホテル業（週単位）や雑誌社（週・月単位），また，季節商品の製造・販売などの職場（年単位）で利用されている。企業側にとっては，残業時間の減少やパートなどの労働力調整が不必要になるなどの人件費面でのメリットがある。特に，変形労働時間制は，パート労働などでは代替できない専門的な業務を多く抱えた職場で活用されている。

裁量労働時間制

次に，みなし労働時間制や裁量労働時間性について述べておこう。

みなし労働時間制は，営業などの分野で事業上外で仕事をする場合，使用者の管理がおよばず，労働時間の算定が困難な場合に，職務に応じて，推定される労働時間を労使間で決めておく方式である。一方，裁量労働時間制は，研究開発業務，新聞雑誌の取材，編集業務，衣装・広告のデザイン，コンピュータ処理業務など，労働時間の対価として賃金を払うことには矛盾を含んでいる業務で，職務の遂行に関して達成課題のみを定めて労働時間については自由に設定できる方式である。

(3) 日本的雇用慣行と労働時間

　日本において，先進諸外国と比較して労働時間が長いのは雇用慣行との関連でいえばいくつかの原因が考えられる。まず，第1に，終身雇用制下においては労働力調整が容易でないため，人員拡充の必要がある場合でもパートなどの臨時従業員の増員や補助労働力としての女性労働力の補充（男女雇用機会均等法の実施前）によって労働力不足を補うとともに，基幹従業員においては残業によって不足分を補う方策がとられた。すなわち，総労働時間の増加を人員の補充によるよりも残業によって解決しようとする傾向がみられる。このため，一方では政府の指導によって所定内年間総労働時間は毎年漸減の傾向をたどりながら，好況期には所定外労働時間の増加傾向がみられることになる。また，第2には，日本の企業においては職務概念や職務の分担が不明確なため，残業は個人の能力不足を示すのではなく，企業への忠誠心と勤労性を示すものみなされる傾向がある。アメリカでは，個々人の職務が明確であり，職務は正規の労働時間内に終わるはずであるから，残業はそのまま個人の能力不足を意味することになる。恒常的に労働時間内に終わらない職務は分割され，新規の従業員が採用されることになるからである。

　第3には，日本の賃金体系が，労働時間の対価主義に基づいているからである。近年は徐々に成果主義的体制に移行しつつあるが，賃金が労働時間の対価主義に基づいているかぎり，業務の効率性が改善されず，不必要な残業によって労働時間を切り売りする形態が続くことになる。

　人員の不足を残業で補い，労働時間量で勤務態度を測るこれまでの日本的雇用慣行と日本的経営風土が変化しない限り，週休2日制の浸透のように所定内労働時間の短縮はあっても，所定外労働時間の減少停滞は今後も継続すると思われる。

参考文献

労務管理の基礎的学習としては，
森五郎編著『現代日本の人事労務管理』有斐閣　1995年
津田真澂編著『人事労務管理』ミネルヴァ書房　1993年
津田真澂『新・人事労務管理』有斐閣　1995年がよい。
　特に，津田の後者は日本企業の現在の主要な制度である職能資格制度に詳しい。また，『労務管理』（産能大学　2000年改訂版）は中小企業診断士の資格試験用のテキストだがバランスのとれた内容である。
　経済学的，マクロ的観点からの賃金管理論としては，
高橋洸編『現代日本の賃金管理』日本評論社　1989年がある。
　女性労働問題に関する書物は多いが，本書でとりあげた女性の職場進出のパターンについては，下記が詳しい。
脇坂明『職場類型と女性のキャリア形成』御茶ノ水書房　1993年
　企業の労務関連の最新動向を知るには，『労政時報』（労務行政研究所）がよい。週刊で刊行され，個別企業の人事労務管理の実情や制度が報告される。継続して参照すれば，日本企業の人事労務の動向を把握することができるだろう。
　労務関連の法律に関しては，労働省広報室『労働時報』（第一法規出版）を参照するとよい。その時に応じて労働法制の改定の内容とともに，法制の趣旨，政府の方針などが報告され，法制定の背景を知ることができる。

第6章 労使関係の地平

6−1 労使関係と労働組合

(1) 労使関係の基本図式

職場の人間関係から企業レヴェル，産業レヴェル，国民的レヴェル・社会体制までを含めて産業関係（industrial relations）と称される労使関係は，「雇用主対従業員」（employer-employee relations）としての労使関係と，「経営対労働組合」（employer-union relations）という二つの労使関係を成立させる。

前者は，狭義には職場監督者と部下との人間関係を主題とした職場レヴェルでの労使関係を指し，「個別的労使関係」として表現される。雇用契約に基づく相互の協力を性格にもつこの関係は，それゆえに経営における円滑な調和のための人事労務管理活動として取り扱われることにもなる。

後者は，労働者が自らを代表する労働組合を組織して，経営との関係を取り結ぶ「集団的労使関係」と称される。一般に労使関係という場合はこれを指す。ここでは雇用契約の締結，賃金，労働条件，さらには経営問題を，団体交渉や労使協議などによって決定することで，労使関係制度を成立させるが，その制度は安定と調和を図る経営手段として用いられる。

ところで労使関係は，かつて労資関係と呼ばれたり，あるいは商品関係，階級関係などをめぐって両者を鋭く峻別する論争が巻き起こされていた。ここではその辺りの議論をむし返すつもりはない。

だが，労働力が剰余価値を生産しないかぎり賃労働の概念も生まれないし，資本制生産もあり得なかったのは事実であろう。労働者は，農奴として人格的に拘束された封建的身分関係が市民革命・産業革命を通じて開放され，移動と

職業選択の自由を与えられた。同時に，それは飢える自由を含めて資本に労働力を販売するという性格を帯びる。二重の意味で自由であった。かかる自由は，「資本制生産の様式のもとで賃労働に許容される自由がそのまま労働者の自由にならないところに問題がある」(小泉幸之輔『労働の経済社会論』駿河台出版社　1980年　p.3)ことを捨象するわけにはいかない。まさに，「労働は商品として市場で売られるためには，売られる以前に必ず実在せねばならぬであろう。ところが，労働者が労働に自立的実存を与えうるとすれば，彼は商品を売るのであって労働を売るのではないであろう」(K.マルクス著，長谷部訳『資本論』河出書房　1964年　p.424)という隘路がなお依然として重くのしかかってくる。

　労使関係は，労働力の提供者とその使用者との間にみられる地位および役割の相互的関係と定義されようが，上述のコンテキストを勘案すれば次のようにいい換えることができよう。

　すなわち，企業は資本利潤の極大化であれ適正利潤の重視であれ，物財及びサービスの提供といった商品生産を行うのであるが，これを実現するために労働者を雇用する。この資本と労働の結合は，生産手段の所有者としての資本家が，他方，自らの労働力を商品として売ることでしか生活の糧を得られない賃金労働者を雇用することで成立する。労働力商品の売買を内容とする自由な雇用契約による労使関係は，「雇用主対従業員の関係」として労働者の資本家または雇用主への従属的性格をもつがゆえに，利潤の追求と賃金・配分，労働条件をめぐって労使双方が対峙することとなる。労働者は，対等でない関係において個人では実現困難な労働条件の改善などの要求を，自主的な団結の組織である労働組合を結成し，団体交渉をすることによってその実現を図る。そこでは労働者は資本家または経営者に抵抗する労働組合員としての性格を併せもち，「組合対経営」という労使関係として発展する。

　ところが，現代の企業では資本と経営，あるいは所有と支配が分離し，経営者支配が一般化している。法人支配において専門経営者の自律性は後退してい

るのであるが，形の上では資本家が経営者に企業の利益を信託している。こうした中で経営者は，労働組合との関係改善に努力しなければ企業の利潤追求も達成しえないようになる。そして集団的労使関係はむしろ，労働組合をパートナーの役割に仕立て上げながら積極的な共存関係を演出することになる。一方，労働組合は配分の原資となる利益（付加価値）の増大を実現することなしには，多くの賃金の獲得・労働条件の向上は望めない。ここにおいて労使は共通の利害に立つことになり，その関係は「対立と協調・調和」の二面性としてとらえられる。

(2) 職業別組合と産業別組合
① 職業別組合（craft union） 労働組合は，産業革命後のイギリスで「職業別組合」が結成されたのが始まりとされる。もっとも萌芽的には「職人クラブ」の発生が1760年代にみられてはいた。それはやがて労働組合員数の広がりと一定の財源の確保，労働者代表の選出による組合の結成（「合同機械工組合」1851年）を経て，全国団体ともいうべき「イギリス労働総同盟」（TVC 1868年）が結成された。なお，アメリカでも職業別組合の連合団体として「労働総同盟」・（AFL）がある。

職業別組合は，同一の職業や職種のもとに，クラフトという特定の熟練職種・一定の職業資格をもつ熟練工の組織であった。鉄道の機関手，機械工，溶接工，印刷工，靴工，郵便集配者など，所属する企業や産業にかかわりなく，同じ職業（仕事）に就労する労働者が横断的に組織され，職能資格に基づく同一労働同一賃金を原則とした。一定の技能の習熟を共通の財産とし，その技能的価値とともに自らの地位の向上を追求する自主的・自営的組織であった。そして，組合員同士の共済制度による相互扶助やクローズドショップに基づいた職業紹介を盛んに行っていた。

こうした職業別労働組合の性格，つまり熟練技能の資格要件，強い連帯性，高い賃金の維持はそれゆえに，半面で特権的・排他的なものともなった。産業

革命による経済成長がいちじるしい時代では，資本家も熟練工を必要とし，彼らの定着が生産高を左右するものとなっていたため，労働力の需要超過を現象させていた。こうした需給状況を背景に職業別組合は，ギルド的訓練を培養しながら，熟練工が職場を統括し，高い組合費や入会の資格制限を行った。さらに賃金の内容や水準，労働条件，仕事の手順・方法を組合が設定し，これに応じない企業には熟練工を供給しないという規律をつくろうとさえした。

② 産業別労働組合（industrial union）　工場制機械工業のさらなる発達は大量生産方式を拡大させた。そこでは熟練職種への依存が低下し，熟練の内容を分解させ，個々のジョブ（職務）・作業だけを遂行する単能工・未熟練工・半熟練工を大量に生み出した。既得益権に執着し，自由な市場取引を制限してきた「職業別労働組合」は，社会主義思想の普及と相まって，これに加入できない圧倒的多数の不熟練・半熟練労働者から非難されるに至った。また，安価で変動費的性格に富む彼らの過剰な労働力供給が企業の需要独占をもたらした。大量生産方式のもとでは労働者組織も変質を余儀なくされ，「職業別組合」は社会組織および労働市場から後退することとになった。

かわって登場したのは半熟練・未熟練の工場労働者を中心に組織された「産業別労働組合」であった。もっとも，「職業別組合」に対抗してきたとしても「産業別労働組合」は，にわかにできたわけではない。「産業別組合」に先行する形で19世紀末に「一般労働組合」（general union）が現れていた。不熟練・半熟練労働者は不安定な雇用，低賃金，機械体系に組み込まれた無味乾燥な作業的労働と代替性の高い労働力商品として扱われたため，資本側との激しい対立・抗争を巻き起こすことも少なくなかった。彼らは機能的にも団結して団体交渉と労働争議を武器に，労働条件の改善を要求しなければならなかった。このような団体交渉が，同一産業に所属する労働者を組織する契機となった。

職種を越えて各産業ごとに不熟練・半熟練労働者が合同して組織される「産業別労働組合」は，雇用，賃金，職場の諸問題を交渉によって合意形成を図ったのである。いうところの集団的労使関係は「産業別労働組合」の成立をもっ

て形成されたといえようし，団体交渉は労働市場における企業との自由な取引を制限することで，自由放任主義の終焉を告げる局面ともなった。

「産業別組合」は欧米で広く一般化している訳だが，その始まりは1910年代イギリスの鉱業労働組合，運輸労働連合とされる。またアメリカでは，1930代にCIO（Congress of Industrial Organization）が工場労働者を対象に組織を拡大したことを付記しておく。

6−2　労使交渉の方式と経営参加

(1)　団体交渉（collective bargaining）

労使交渉の方式には，団体交渉，労使協議制および苦情処理制度がある。このうち最も基本となるのが団体交渉である。団体交渉とは，労働者が自ら選んだ代表者（労働組合）を通じて，雇用，賃金，労働時間など基本的な労働条件の維持・改善を実現するため，団結して経営者と交渉する制度である。かつて労働条件の決定は経営権に属し，雇い主によって一方的になされていたが，周知のごとく日本国憲法第28条において労働三権（団結権，団体交渉権，争議権）が保障された。これを受けて労働組合法では組合活動の自由保障等を定め，労使双方の共同決定による団体交渉が具体化された。

いうまでもなく団体交渉の当事者は団体である。自主・自立の団体として労使が権利・義務関係に規定された対等の立場で労使が交渉に臨むのであるが，労働者は団結権と争議権を背景に経営者に対処する。不幸にも団体交渉で決着できず，あるいは決裂が避けがたいとき，労働組合はストライキやサボタージュなどの争議行為に訴えることがある。他方，経営側にはロックアウト（作業所閉鎖）が争議行為として認められている。

とはいえ団体交渉は，労使の利害対立・紛争の解決，双方の同意をめざし，労働協約の締結を目的とした手続き・過程であることを理解しておかなくてはならない。労働協約は団体交渉の成果を明記した団体間の協約であり，「労働

条件その他の待遇に関する基準」となる。労使間で決められる文書には労働協約のほかに労働契約，就業規則があるが，労働協約は個々の労働契約に対してその内容を律する規範を与える。すなわち労働契約の内容が労働協約に定めた労働条件に違反した場合は労働契約のその部分は無効となる。また就業規則に対しても労働協約の優位性が示される。まさに労働協約の締結は，労働協約の遵守の権利と義務に基づいて成される企業内の労働利用に関する秩序づくりを意味する。ところが日本ではこれが不十分で，中小企業の経営者ほど団体交渉を避け個別交渉に偏る傾向がある。それが不当労働行為を招来させ，紛争の原因ともなるケースがしばしば見受けられる。

(2) 労使協議制（joint consultation system）

　西ヨーロッパでは第2次世界大戦後，疲弊した企業活動を復興するためには従業員の協力が欠かせないとし，団体交渉とは別に，労使相互の関心事項について協議し従業員に発言の権利を保障する筋道をつけるべきだとされた。そのためには，産業別の団体交渉によって横断的に締結された労働協約を前提としながらも，個々の企業や事業所の実情に即して労使が協議する必要があった。これを慣行・協約・法律によって制度化したのが労使協議制である。

　先記したごとく団体交渉は，雇用・賃金・労働時間といった基本的な労働条件について，争議権などを背景に取引・交渉して経営者の意思決定に影響力を行使し，配分をめぐっての競争的・対立的関係が色濃い。それに対して労使協議制は，賃金配分の増大とそのための利潤の増大という，労使双方が利害を共有し共通の目標をもつことで，協力的・協調的関係を取り結ぶこととなる。

　労使協議の労働側メンバーは建前としては労働組合とは別になっているが，実際には企業内従業員代表の多くは組合の職場委員から選出されている。とはいえ，企業内労使協議会に対する労働組合の影響力は強く，事実上の団体交渉となったり，労働組合上層部の承認のないストライキ・山猫ストを行う場合もある。ともあれ，団体交渉の補完という当初の機能から，経営状況の説明を受

け，採用・配置・解雇などを協議し，賃金体系や従業員福利の協議決定を行い，労使紛争による双方の損害・コストを回避し，団体交渉に代る労使の利害調整機関として労使協議制が活用されるようになった。

　労使協議制は，先進国で広く定着するとともにさまざまな機能・多様な内容を備えるようになったが，この制度に対する性格や対応方法は国によって差異がある。労使協議制度が脚光を浴びたのは，第1次世界大戦中にイギリス政府がホイットレー委員会の勧告によって進められた労使関係の協力・安定のための工場委員会（Joint Industrial Councils），そしてワイマール体制下の事業所従業員会法を経て，第2次世界大戦後設立されたドイツの経営協議会（Betriebsrat）によってである。イギリスのそれは原則として法的規制を伴わず，ショップ・スチュワート（職場委員会）が強い力を行使する。これに対し経営共同体的思想をもつドイツにおいては，法制（経営組織法）によって経営協議会の設立が義務付けられるとともに，経営の執行に関する労使共同決定という経営参加の性格を帯びる。従業員代表組織による経営参加は北欧やオーストリアでも盛んで，またフランスでも「1945年令」以来，企業委員会を設けて企業の管理運営への参加権を認めた。一方アメリカでは，ローカル・ユニオンによる労働協約と苦情処理制度が労使協議の機能を吸収する形で実施されている。

(3)　経営参加（workers' participation in industry）

　戦後復興期が終わった1960年代後半から1970年代前半に西欧では，労使協議制はその機能を多面的に拡充する。集団的労使関係の課題と個別的労使関係の課題とがからみ合いながら，経営参加の体系に位置付けられるようになった。経営参加とは，経営者が経営権の名の下に，専管としてきた経営管理職能の領域に労働者・労働組合が参加する制度，あるいは経営者の意思決定に影響力を行使することをいう（S. Barkin, ed., *"Worker Militancy" and its Consequences*, 1965-1975, Praeger Publishers Inc., N. Y., 1975.）。

　経営参加は，資本主義の高度化による寡占段階への進行と無縁ではないが，

労働運動をただ抑圧するだけでなく，経営民主化・労使関係の安定化の方向に添って，一定の枠をはめつつ経営活動の領域に何らかの形で労働者の参加を認めてきた。同時に経営の専管領域における責任の一端を労働者にも分担させることで，労働者側からの産業民主主義と経営者側からの産業平和を達成しようとする。

しかし経営参加は，経営権の侵害，経営効率の低下，組合勢力の強大化といったリスクを背負っているため，労働者の敵対的・階級的意識の緩和（労使紛争の減少），労働疎外の克服への取組み，勤労意欲の高揚とそれによる生産性向上を図ることが有効とされたのである。一方，労働者側は，労働組合の闘争力低下および体制内に編成されることがあったとしても，所得および権限の配分をめぐる社会的バランス，労働条件の改善，「労働の人間化」に向けた職務充実，参加意識それ自体への満足感が広範に参加を促した。

経営参加は，狭義には(a)労使協議制，(b)労使の共同決定の二つに分けられる。(a)「労働生活の質的向上（QWL）」や「労働の人間化」の要請をはじめ，労使間の諸関係を律するルールや慣行を含めた職務分担，配置，異動，昇給，昇格・昇進，教育訓練など，人事労務管理にかかわる個別的労使関係に遡及する問題解決の方式は，労使協議の典型といえよう。

(b)共同決定は，労使対等のイデオロギーの上に立った経営参加であり，第2次世界大戦後，西ドイツの「共同決定法」に基づいて実現されている。共同決定の場合，共同決定の事項は労使が合意に達しなくては，経営者は一方的に決めて実行に移すことはできない。団体交渉も一種の共同決定とはいえなくはない。しかし，先記したごとく団体交渉が利益配分をめぐって利害対立的な関係におかれ，その対象は賃金と労働条件に限定されるのに対して，経営参加としての共同決定は，共同決定の結果に対しては共同の責任を負う。その代わり共同決定の対象は賃金や労働条件に限らず，経営問題のすべてにおよぶことができ，企業・工場・職場の各レヴェルで展開されている。

経営参加の性格や内容は経営管理業務への参加，資本参加など国と時代によ

りさまざまである。また経営参加よりも団体交渉中心の対応をする国（アメリカや日本），人間性回復や福祉の拡充（高度化）のために社会参加の一環として経営参加をきわめて重視する国（スウェーデンなど），労働者管理・社会変革までを遠望して経営参加を捉える国（フランスなど）がある。

さらに近年EU諸国では，企業業績への従業員参加が経済民主主義（Economic Democracy）として展開されている。これは定期給与とは別に企業収益にリンクしてその一部を，勤労者財産形成に結びつけるものであり，団体ベースのプロフィット・シェアリング，現金ベースの利益配分，従業員持株などによる配分に関する広範な参加制度といってよい（"THE PEPPER REPORT : Promotion of Employee Participation in Profits and Enterprise Results in the Member States of the European Community", edition by M. Uvalic）。

こうした動向は，ミラー（D. C. Miller）とフォーム（W. H. Forn）が『産業社会学』（*Industrial Sociology*" Harper & Row, New York, 1964）で構想した経営民主化の道のりになるのかもしれない。図表6－1に即していえば，「専制」と「規制」の段階を過去のものとして，「従業員の意向を尊重」する領域からさらに「集団の意思を民主的に決定」するところまで辿りついたようでもある。とはいえ，日本にあっては前掲の企業業績への団体レヴェルでの参加はほど遠いし，「共同決定経営」の段階などははるかにおぼつかない。E. H. カーやダンロップのインダストリアリズムではないが，経営民主化についてもおのおのの国の経済社会の特質と諸条件を交えなくてはならず，リニア・チェンジ（直線的変動）を容易に描くことはできない。

ともあれ当初，経営側の意向が前面に出ていた経営参加は，現代では日本を含めてほとんどの先進国で労働協約や法律によって，その方向が確固たる制度として定着しつつある。そして社会参加や「生活の質的向上（福祉）」など，新しい視野の下で労働者が主体的に取り組む課題として経営参加を捉え直すことが注目されているのである。

図表 6−1　経営民主化の 12 段階

経　　営	参加の段階	従業員・労働組合
・所有と経営への完全参加の機会提供 ・取締役会への従業員代表の参加の機会提供 ・財務・経営監査報告書の従業員への配布	●共同決定経営 12 11 10	・持株と共同経営への完全参加 ・取締役会への代表派遣と代表の従業員への報告 ・左の報告書を読み，経営協議会において経営者に質疑し，意見を述べる
・年間所得保障・職務評価・技術革新などについて協議の機会の提供 ・建物，カフェテリア，安全など小さい事項についての協議の機会の提供	●民主的集団意思決定 9 8	・左についての集団的協議・決定は組合員の承認を必要とす ・左について，課，部，または全社単位における協議
・定期的に従業員に影響を及ぼす事項に関する意見を求める ・定期的に情報を求める	●従業員の意向尊重 7 6	・意見の申立て又は保留 ・情報の提供又は保留
・個人または労働組合との交渉 ・従業員により承認された規定に基づく苦情の受付け	規則 5 4	・個人的又は選挙により決定した組合による集団的交渉 ・苦情の申立て
・情報の付与 ・助言の付与 ・命令の付与	専制 3 2 1	・情報をそのまま受け，期待された通り行動 ・与えられた助言のそのままの受入れ ・命令に対する服従
労働（賃金）契約の提供	0	労働（賃金）契約の受入れ

出所）Miller and Form, *Industrial Sociology*, 1964, p. 763.
　　　藤田至孝・石田英夫『企業と労使関係』（経営学全集）筑摩書房　1970 年　p. 57 より転載

6-3　日本における労使構造の特質

(I)　企業別労働組合

　欧米と対照的に，日本の労働組合は企業別組合であることがよく知られている。日本の労働組合はその80％が企業別労働組合に属しているのである。なぜ日本の労働組合組織が企業別形態になったのかについては，第4章の「日本的経営と組織風土」にかかわるところが大きい。ここでは，年功的労使関係をからめながらかいつまんで述べることにする。

　①　**企業別組合の生成と年功的労使関係**　　企業別組合の生成過程にあっては，大河内一男のいう「出稼ぎ型労働力」，すなわち農村における潜在的過剰人口を企業が吸収する辺りの経緯を看過するわけにはいかない。労働力の調達は横断的な労働市場を通じてなされず，縁故などによって個別企業に供給された。明治末からの重化学工業化は熟練工不足を生じ，これに対処すべく大企業は企業内で職工教育制度をつくって，熟練労働者としての基幹工を内部養成・確保した。こうして生まれた年功的労使関係がまた，「イエ」「ムラ」「和」といった伝統として誇る「経営家族主義」の雇用慣行やイデオロギーが重なって，根強く労使関係を規定してきた。

　もっとも，労働組合の形態は，職業別組合を原則とした「期成会」時代から，昭和初期にかけて一般合同組合や産業別組合が大部分（8割以上）で，一企業を単位とする組合は2割にとどかなかった。しかし弾圧と恐慌を経験した組合組織は次第に企業内に閉じこもり，戦時下に溶解してしまう（小松隆二『企業別組合の生成』御茶の水書房　1971年）。

　一方，当時高揚しつつあった労働運動への対策の意味もあって経営側は，企業に忠誠心をもつ子飼いの労働者を基幹に据えた。さらに，それはカンやコツによる技能に依存することが大きい製造現場において，技能の序列を勤続・経験年数による年功序列体系として編成し，定年までの終身雇用と生活保障を秩序づける年功的労使関係を確立することになる。労働者もこうした社会関係，

制度的枠組みを規範的雇用としてきた。企業別組合が一般化するのは戦後になってからであるが，ともあれそれが支配的となった要因として，労働者を企業内に固定する終身雇用慣行と労働市場の閉鎖性があげられる。

　② 企業別組合の特質　　企業別組合は，同一企業に雇用されている労働者（従業員）をもって組織されているという意味だけにとどまらない，次のような特徴と構造がある。

　(a)同じ会社で働く従業員は職種・職能の区別なく，また職員（ホワイトカラー）と工員・作業者（ブルーカラー）を含めた一括組織（工職混合）となっている。

　(b)しかし，その範囲は正規従業員に限られており，原則としてパートタイマーなど非正規従業員は除外されている。

　(c)採用された後，労働組合に加入することが会社の正社員としての地位を得るための条件になるユニオン・ショップ制を敷いている。そして，組合費はチェック・オフ（給料からの天引き徴収）となっている。

　(d)会社との団体交渉の権限は企業別単位組合（単組）にある。単組の中に支部・分会といった下部組織があり，複数事業所のある企業では事業所別の組合が連合して企業連をつくって交渉することもある。単組は人事・財政などの自主権と独自の規約をもつ最小の自治単位をさす。なお，産業別組合が顕著なアメリカでも，産業別組合の支部として事業所別組合（local union）が各工場単位で団体交渉を行っているが，日本の企業別組合の方が自主権は強い。

　(e)組合役員は職場の中心人物から選出されることが多く，また大企業組合で専従となった幹部（組合三役）も役員を辞めれば元の従業員に復帰する。復帰した旧役員が管理職になる場合もある。

　(f)各企業ごとの個別・特殊な問題・労働条件等の改善に関する協議や交渉をしやすくする。そこにおいて見逃すことのできないのは組合活動の要としての職場委員の存在と役割である。職長・班長・主任・係長など経営組織の末端に位置する職場委員は，非専従であるため経営側から睨まれる場合もあるが，

仲間の世話役・まとめ役・代弁者となったりする。職場で起こる苦情や問題を個別・具体的に，かつ速やかにとりあげ処理する職場委員の日常活動は，従業員のみならず経営側にとっても有効な機能を果たしている。

(g) "会社あっての組合"という意識が働き，企業経営の立場を考慮するため，団体交渉力は弱い。

日本でも全国金属労連，電機連合，ゼンセン同盟，私鉄総連，商業労連などといった産業別組合が，企業別組合の連合体として組織されている。しかしながら，それが欧米の産業別組合のように団体交渉権をもっている訳ではない。日本の労働組合組織は単組（企業別組合）からの上納金を基盤として，単組自らの決議によって組合員が上部組織としての産業別組合（単産）に一括加入する。したがって上部組織に対する単組の発言力は強い。

(2) 労使協議制の日本的特徴

日本における労使交渉は労使協議制が中心といっても過言でない。欧米では産業別組合による団体交渉と企業内従業員組織による協議は分離されるが，日本では企業別組合であるため，労使協議の当事者として組合がこれを担っている。両者が明確に区別できないのもその事由である。日本の労使協議制度は1950年代以降広範に設置された。いまや5,000人以上の大企業でこの制度がない企業は珍しいほどとなり，100人以上規模の企業でもおよそ6割が導入するに至った（労働省「労使コミュニケーション調査」1995年）。今日の労使協議制は，昭和30年代における技術革新，貿易の自由化・国際競争力の強化の要請を背景とした生産性向上への労使双方の取り組みによるところが大きい。

主な労使協議の対象となる付議事項およびその運用・取り扱いは，次のようである。(a) 経営に関する事項（経営方針，企業業績，生産・販売計画，会社組織機構の改廃，海外進出）や生産的事項（新技術等の導入，生産・設備計画）は，大部分が企業側からの報告・説明にとどまっている。(b) 人事管理事項（採用・配置基準，配置転換，人事異動，評定基準，教育訓練計画，出向，

一時帰休・人員整理等），そして安全衛生，従業員福利，公害対策に関しては，報告・説明と協議が混在している事例が多い。(c)労働条件（勤務形態，労働時間，休日・休暇，定年制，賃金・一時金制度，退職金・年金）の事項については，労使の意見の一致を必要としている企業が多くを占める。(d)賃金問題を労使協議制で扱う場合もあるが，そこで合意できないときは団体交渉に入る。また人事事項でも勤務形態，雇用調整に関しては，労使の意見の一致が必要な場合が少なくない。

こうして労使協議制は，労使双方が情報交換を行い，労働者の考えや要望を経営の意思決定に反映させる。それによって，経営参加とモラールの高揚を促し，労働条件の維持・改善と円滑な企業運営に効果をもたらすのである。

しかしその一方で，(a)取扱いに関して，労使協議で双方の意見の一致をみなければ実施しないとなれば，団体交渉との違いが明示的にならない。(b)協議事項について，団体交渉で扱わない事項のみを労使協議の対象とするケースも少なくないが，両者の境界が曖昧になっている場合も見受けられる。労使の利害が共通し，協力して取り組む課題だけとは限らない，たとえば雇用調整などの問題に直面したときその対応は困難とならざるを得ない。(c)団体交渉を平和裡に行うために，予備的折衝として制度化されることが強化・洗練されればされるほど，労使の緊張関係の緩衝として装置化される。

(3) 労働組合をめぐる今日的課題

産業別組合では，企業レヴェルでの賃上げや労働条件の交渉を支援・指導するための活動の企画・推進，賃金・労働時間等の調査・情報収集，組織拡大や組合員教育などが主な役割となっている。そして「国レヴェルでの政策や制度の要求を企画，推進する」ため，産業別組合が結集した「連合」「全労連」等の全国中央組織（ナショナルセンター）がある。これら上部団体の力や任務は大きい。たとえば，企業別組合では経営条件の規模間格差から生じる労働条件の格差が顕在化しやすい。それの縮小・解消を目標に産業別連合体が組織さ

れ，運動してきたし，労働条件や賃金の平準化，所得分配の平等化に貢献したことも事実である。

　①　春闘の終焉　　そうした運動の典型が「春闘」である。昭和30年から始まった春闘は，交渉の単位は企業別だが，毎年春の短期間に各単産が連係し，相互に情報を交換し，戦術を調整しながら，集団交渉や統一要求をくりひろげた。春闘方式は，力のある主要単産および大企業組合の賃上げ水準が中小企業にも波及し，欧米に比べて見劣りした賃金・生活水準の向上への要求に対応し，実効性をもちえた。

　しかし，春闘による定期昇給・ベースアップは賃金の下方硬直性を招くと批判される中で，昭和48年のオイルショック以降，大幅な賃上げは困難となった。構造不況にみまわれ，減量経営を余儀なくされた労使は，企業業績を回復するため，むしろ協力・協調する傾向が強まった。

　その後も産業構造の転換が進む中で，高い業績をあげる企業と業績が低迷する企業・産業との格差が顕在化し，賃上げそのものは経営側の支払い能力に左右されるに至った。「暗い夜道を一人歩きするより，みんな手をつないでいくのが一番よい」（太田薫）と合唱した春闘方式は，事実上分断されてしまったのである。

　賃上げを中心とした春闘はまた，業績・成果主義の賃金が台頭し，個人間の賃金競争をかりたてられる中で，色あせてしまった。ベースアップ率2〜3％——直近では0％どころか賃下げも珍しくなくなった——の昨今では，集団的賃上げ交渉よりも，個人の業績や成果によってより多くの収入を得る方が得策と考えるようになった。まして業績給や役割給がダウンすれば，ベースアップがあっても収入は減るとなれば，なおさらのことである。

　また欧米をしのぐ賃金水準となった現在，もはや年齢別生計費カーブと年功を軸とした定期昇給は，必ずしも生活設計に影響を及ぼさなくなった。

　春闘の終焉を意味するこうした変化は，明らかにその運動の転換を迫られる。すなわち労働時間短縮，定年延長・再雇用，年金・退職金をはじめ，家族

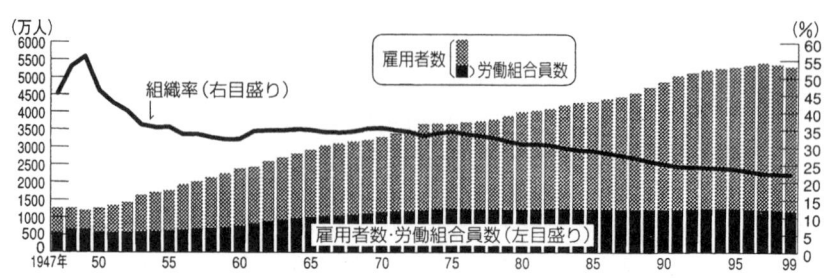

図表6－2　日本の雇用者数，労働組合員数，組織率の推移

注）1）雇用者数は，労働力調査（総務庁統計局）の各年6月分の数値である。
　　2）推定組織率は，単一労働組合員数を除して算出したものである。
出所）労働省「労働組合基礎調査」

を含めた生活の質的向上に向けた運動に重心を移すことになる。

②　労働組合の組織率低下　　図表6－2に示した通り，戦後の1947～1949年に5割をこえていた労働組合の組織率は，雇用者数の増大にもかかわらず直近の1999年には22.2％にまで低落した。

その原因には，(a)サービス経済化の進展によってこれまで労働組合勢力が強かった製造業の比重が低下し（製造業の就業者割合は3割を下回る），(b)高学歴化と相まってホワイトカラーが肥大し，組織の大規模化に伴って管理職が増えた。(c)大企業のリストラが続いて正社員の比重が低下し，その一方で（1997年の総務庁『就業構造基本調査』によるとその比重は70.1％），女性パートタイム労働者の増加をはじめ雇用のフレキシブル化が顕著となった。(d)元来労働組合への加入が少なかった中小企業で雇用が増加した。(e)さらに，企業別労働組合は，大企業のユニオン・ショップ制度に依存して正社員だけを組織するものが多い。(f)私生活を重視する傾向が若者を中心に目立つ中で，会社離れ以上に組合離れが進行したことなどが絡んでいる。

もっとも，労働組合活動の低迷は日本ばかりではない。おおむね先進国に共通してみられる現象であり，組合に加入していない圧倒的多数の労働者（雇用者の8割）の無関心も問題である。しかし，それ以上に労働組合は多くの勤労者の生活ニーズに応えているとはいえないだろうし，また組合の官僚制化も厳

しく問わねばならない。

③ 企業別労働組合の隘路とニュー・ユニオニズム　企業別労働組合は労働市場の内部化に対応したものであり，企業内の正社員に限定した画一的な平等主義や雇用・生活条件維持のルールは経営と組合を統合する手段でもあった。しかし，サービス経済化・情報化とあいまって労働市場の重層化，雇用形態の多様化，人材の流動化が進展し，また経営転換やリストラにおいて，企業別組合および組合運動は閉塞状態となっている。

中小零細サービス業で働く人々，派遣労働者，パートタイマーなどの組合組織率は極端に低く，賃金，従業員福利，労働条件も総じて劣る。企業内労働市場の外延に置かれる未組織労働者の苦汁をしり目に，己の雇用維持・ワークルールや賃金水準の維持ばかりに関心を払っているのではあるまいか。低賃金を甘受せざるを得ない未組織労働者がさらに増大すれば，既存の組合・組合員へも労働条件や賃金の問題が跳ね返ってこよう。またリストラを容認し，中高年の雇用調整に有効な対策を打てないままに，出向・転籍によって組織の外に追いやられている中間管理職の実態を直視しなければならない。労働組合法にいう「使用者の利益を代表してない」彼ら，集団的労使関係のはざまに落ち込んだ人々である。未組織労働者はいうまでもなく，リストラにあえぐ中高年管理職も労働組合が必要であるはずであり，彼らの組織化・雇用保障・生活支援は既存の組合自身の課題に他ならない。

こうした事態に対して，自らを組織化する個人加盟の労働組合が出現していることは注目される。管理職，派遣労働者，ドライバー，ソフトウェア関連の労働者，福祉介護労働者の組合といったニュー・ユニオンの台頭と広がりがそれである。これらは組合による職業訓練，技能の格づけ，労働条件の規制等，職種別（クラフト）労働組合としての機能をもち始めた。

加えて，地域各地に散在する小零細企業の労働者（パートタイマーを含む）や自営業者が地域の共済活動を展開していることも注目してよい。もっとも，共済活動はすでに各地域で中小企業勤労者福祉協議会などが福祉サービス事業

を行っている。しかし，それが組織的にもサービス内容からも十分とはいえず，期待とともに課題も多い。そして，労働組合の要求機能，監視機能と並ぶそのような共済機能の拡充は，NPO（非営利組織）との連携が要請される。ニュー・ユニオニズムの運動は，労働運動の再生につなげ，社会的公正の実現をめざすことになろう。

6-4　労使関係のダイナミズム

(1) 社会制度としての労使関係

かつてガルブレイス（J. K. Galbraith）は，その著『アメリカの資本主義』及び『新しい産業国家』で，計画化，組織化，技術進歩によって特徴づけられる現代産業社会にあって，寡占・大企業体制の有力な「対抗力」（countervailing power）として労働組合を位置づけた。「対抗力」としての労働組合勢力には，コスト・インフレの一因と指摘されたり，政治的圧力団体と化したりといった問題を派生させなかったわけではない。また資本主義体制の枠内で，労働力商品を市場でいかに有利に販売するかの取引関係をもつことで，労働組合活動はビジネス・ユニオンとしての性格を強くにじませる。しかし，ガルブレイスの構想には，スミス（A. Smith）以来の市場競争を通じた調和的メカニズムに代るものとして対抗力を育てながら，市場における力の均衡を回復し，経済の自律性を確保しようとするねらいも込められていた。

近代の工業化の中で生まれた労使関係は，長期にわたる労使紛争など幾多の苦い経験を経て，共存の可能性を求め相互に権利・義務関係を承認し合い，産業社会の安定化装置として制度化された。労働者への団結権，団体交渉権，争議権といった基本的権利の確立，労働者の代表としての労働組合の容認，さらに企業レヴェルにおける経営活動への何がしかの形での参加は，社会制度としての労使関係制度の発展を物語るものでもある。労使間の紛争を話し合いや交渉を通じて解決するルール・制度の定着は，半面で労働者・労働組合が資本主

義社会の秩序の枠に編成されることになった。

　体制内に再編成されたとしても社会関係としての労使関係およびその制度の運営の基本は、当事者の自治にあることは疑いえない。それは、ウェッブ（S. Webb）が「経営者の権力が労働者にとって重要な問題について団体交渉する労働組合に権力によって制約を受ける社会」（『産業民主制論』高野監訳、復刻版、法政大学出版局、1969年）と規定した産業民主主義を具現するものでもあった。さらにコール（G. H. D. Cole）のいう資本家、労働者、消費者の代表によって構成される企業監理委員会を通じた企業の共同支配・産業自治（self-government in industry）が、団体交渉、経営参加、労働者重役制、共同決定などによって、企業経営における民主主義を実現しようとするところまで進展してきた。労働者の利害にかかわる産業社会とその諸問題について、労働者組織の発言権を確保・強化し、使用者との合意に基づいて労使関係を律する社会システムとして形成され、成熟してきたのである。

(2)　福祉国家の要請と修正ネオ・コーポラティズム

　社会制度として成熟した現代の労使関係にあっては、政府が大きな役割を果たしている。それは、(a)政府自体（地方自治体、公営企業も含めて）が巨大な経営主体として、多数の公務員を雇用する使用者であったり、国有企業の所有者になったというだけでない。

　(b)労働組合や使用者団体の組織が大規模化するにつれ、両者間の対立・闘争が社会的・経済的・政治的に多大な影響を与えるまでになった。政府は、労使紛争の調停・仲裁、最低賃金制度、労働基準法、安全衛生法など各種の行政措置や立法措置を通して労使関係に介入し、産業社会の方向や経済運営に決定的な影響を及ぼすに至ったのである。

　(c)また経済成長による「豊かな社会」は、賃金引き上げを中心とした労働運動に一定のピリオドを打ち、労働時間の短縮、働きやすさの創出などといった実質的な生活水準の向上に眼が向けられるようになった。しかし、これらの

ニーズや要求は個別企業における労使の自主的な改善努力だけでは解決できない。そのため，単産や全国組織組合は，国民の生活・福祉の向上に積極的に取り組む必要性が増大してきたのである。完全雇用政策，社会保障制度の拡充，産業民主主義といった労働政策の重要性はもとより，物価の安定，国民生活の向上，所得再分配，産業構造の転換，国際競争力の維持などの経済政策は，その証左にほかならない。

政府における国民の福祉の向上とそのための経済運営，企業における生産性の向上などによる利益の実現，労働組合における組合員の生活水準の向上は，その実現の手段こそ違え，それぞれ正当かつ合理的な目標として認識されてきた。これらの正当性が衝突することもあったが，むしろ積極的に政府・企業・労働組合の三者が利害（interest）を調整し，攻めぎ合う中で協力しあうことによって，国民経済さらには国際経済の発展に結びつけようとしている。

ただし，三者間の調整の制度化といっても，国情の違いにより差異がある。伝統的にアメリカでは政府の企業活動への介入を拒む傾向が強く，西ヨーロッパでは国民的水準で所得政策や社会契約などが合意形成されても，産業・企業レヴェルでの団体交渉がこの合意を受け入れない局面もある。

いずれにせよ，三者間の調整機能が，産業平和や利害対立の緊張処理，産業社会の成長と国民生活の維持・向上にかかわる社会的統合に不可欠となっている。このような労使関係制度の意義・有用性と経済運営の民主化に照らした観点からすれば，稲上毅が唱える「修正ネオ・コーポラティズム」は，今後の労使関係の方向性を示唆する一つなのかもしれない（「ネオ・コーポラティズムの国際比較──新しい政治経済モデルの探求」日本労働研究機構　1993年）。

「団体統合主義」「職能国家体制」「組合国家」など多様な意味をもつコーポラティズムは，その歴史的変遷においてイタリア・ファッシズムの政治機関と同義的にみなされたこともあった。だが，現代のそれは「国家的権威主義」および「多元的な市場主義モデル」と区別されている。両者を糾合した職能団体的な『第3』の利益代表によって政治・経済・社会の諸問題の解決を図る政策

協調システムとして「ネオ・コーポラティズム」と呼ばれる。

これに稲上は,「福祉国家の行き詰まりとケインズ流経済政策の挫折の後に,資源の再分配と経済政策の調整のために,ヨーロッパの先進諸国で進行する,政労使の三者協議制度 (tripartism) に代表される政治的意思決定や政治過程の型あるいは経済システムの新しい形態」を斟酌して,「修正ネオ・コーポラティズム」を掲げる。これは,民主主義に基づく政・労・使の協議と市場経済のバランス・コントロールを取りこみながら,諸集団の利害調整や政治的意思決定を実現しようとするものである。

しかしながら,官僚は相つぐ不祥事にあって自信を喪失し,社会的・職業的使命感が薄らいでいるようにみえる。またグローバル・スタンダードが席巻し,強者間の自由競争が闊歩する中で「市場支配」にふりまわされている経営者の意識・行動様式も問題として直視しなければなるまい。他方,労働組合については,どうだろう。組織率の急激な低下と労働者の価値観が多様化し,ナショナル・センターとしての連合の力量が,さらにはその存在価値が問われるに至った。このような中で,労働組合が,政府ならびに使用者と対等の力を発揮することができるのであろうか。加えて一般勤労者から乖離した労働組合の政治的突出も危惧せざるをえない。ネオ・コーポラティズムとネオ・リベラリズムの中間形態ともいうべき「修正ネオ・コーポラティズム」の枠組みとその実効性には,労使の自治とそれに基づく産業民主主義の基盤が不可欠なのである。

(3) 動揺する労使関係の存立基盤

(a) 労働者相互の共助と団結・連帯によって,勤労生活の維持・改善と社会的地位の向上を担う主体としての労働組合は,組織率の長期低落傾向をし続け,多くの勤労者の期待に応えきれない希薄な存在になってしまった。すなわち,労働市場の状況は戦後最悪の深刻さ――1999年平均で失業率4.7％,完全失業者数317万人を数える（総務庁『労働力調査』2000年1月発表）――を呈

している。中高年などへのリストラがなされ，過労死が繰り返され，集団的労使紛争に代って労働者個人の問題に帰する個別的紛争も増加している。正規従業員が減る一方で，パートタイマーをはじめ非正規従業員が1,200万人にのぼり，擬制的共同体であり安心のよりどころであった日本的雇用慣行における企業基盤が揺らいでいる。

　こうした事態にあって労働組合は，社会的公正を確保しつつセーフティネットを張って生活の防衛・維持・改善を図る任務があったはずである。かかる任務を，あたかも放棄したかと見間違うほど異議申立てをしなくなったのはどうしたことなのだろう。組合幹部の政治的な発言や労働運動の原点を忘れた言動，自己保身や組織防衛ばかりが目立つ，といわざるをえないのである。

　(b) もう一方の労使関係の当事者としての経営者についてはどうだろう。バブルに踊って土地や株の投機に走り，多額の不良債権を抱え込んで破産に追い込まれた大手金融機関をはじめ，相次ぐ企業の不祥事は記憶に新しい。これらは，一握りの無責任な経営トップによるものであったのだろうか。高度に官僚制化した組織に従属し，私的営利に追従した経営幹部・テクノクラートをはじめと経営行動の姿は，企業間の「横並び意識」からビジネスチャンスに乗り遅れまいとする恐れから競争を煽った結果なのではあるまいか。

　また，バブル経済崩壊後，世界的な価格競争を背景に不況脱出策として，リストラクチュアリングとグローバル・スタンダードを大義に，資本収益率の重視，市場経済の原則に基づく勝者の論理が席巻している。優勝劣敗を正当化し，安易な人件費削減・雇用調整が広範に実施され，成果・業績主義を喧伝することでサバイバルレースに邁進するとすれば，その帰結は，"手術は成功した。されど患者は死んだ"といった事態になりかねない。IT（情報通信技術）の進歩によるグローバルな事業展開，国際金融機関の一層の寡占化と相俟って強者間の自由競争が闊歩しよう。そうなれば，このような企業の経営行動は国民的利害を侵食しかねず，経済社会にゆがみをもたらすことになろう。

　戦後間もない頃，「三等重役」などと揶揄されながらも，経済（経営）民主

化を通じて新しい日本を建設しようと登場した経営者と経済団体の理念は，遺影でしかなくなってしまった。また，社会におけるさまざまな集団の諸要求のバランスをはかり，「私的貪欲よりむしろ公共政策の立場から，所得の流れの一部分を割り当てる純粋に中立的」（バーリ＝ミーンズ，北島忠男訳『近代株式会社と私有財産』文雅堂銀行研究社　1958年　p.450）であるべき経営者支配の理念と，これが成立する構造——多数の少額株主に立脚した専門経営者への信託——が法人支配によって崩れて久しく，経営者の社会的威信・社会的責任・社会的使命はもはや虚構となってしまったのだろうか。

(c) 政府・行政についていえば，アメリカやイギリスの成功に習った効率優先の政策が勢いを増し，規制緩和，民営化，市場経済の活用による「小さな政府」が喧伝される中で，経済社会の構造変化に対応した社会的セーフティー・ネットを疎かにしているといわなければならない。閉塞感の漂う社会状況を打破するために，また，生活の安定と保障は得られたが「人生の選択」を会社任せにするよりも，不安はあるが各個人が能力向上に努め，好みの職場を自由かつ能動的に選べる「適職社会」を強調する1999年『国民生活白書』は，かかる流れに符合するものでもある。

しかしながら雇用労働だけに限ってみても，雇用不安の増大，十分な雇用機会を提供されているとはいいがたい若者，年齢制限の壁に阻まれる転職市場，育児や介護と仕事の両立に悩む勤労者，不安定な雇用条件・低賃金の中で生活する「孤独な」労働者など，深刻な問題が顕在化している。「エンプロイヤビリティ」（employability　雇用継続能力）の向上を唱えるのはよいが，これを支えるセーフティー・ネットを用意せず，「強い個人主義」を前提とした流動化を無秩序に認めるわけにはいかないはずだ。「大きな政府」が不可避的だといっているのではない。けれども少子・高齢化社会や社会構造の転換にあって，国民の多様なニーズにコストをかけながら弾力的に応えていかなくてはならず，行政ニーズは増大こそすれ「小さな政府」では済まされまい。自己責任の原則に比重をかける政府の姿勢は，福祉国家の理念を置き忘れたかのように映

る。

　また既得益権と保身，セクショナリズムと責任回避，社会的使命感の後退を顕在化させている日本の官僚組織は戦後半世紀を経て，制度疲労を起こしており，明らかに転換点にあるといえよう。

　労働組合，経営者，政府は，情報化・サービス経済化，産業経済のグローバル化，日本的雇用システムの動揺，労働移動の増大・労働市場の階層化，高齢化や女性の急速な社会進出に伴う問題など経済社会の構造変動に対して，それぞれ対応策を講じてはいる。しかし個々が妥当な選択・問題解決をしても，その結果が全体の問題を拡大すれば「合成の誤謬」を派生させよう。必ずしも有効とはいえない「雇用調整助成金制度」（この問題については，篠塚英子『日本の雇用調整』東洋経済新報社　1989年），労働法制の規制緩和に即した「改正労働基準法」における「女子保護規定の撤廃」，サービス残業を合法化する恐れのある「裁量労働制」の導入，そして流動化を促し，人材ビジネスを活気づける原則自由化された「労働者派遣改正法」はなお疑問が多く，かかる誤謬をおこしかねないのである。

📖 参考文献 📖

　近年の動向を交え，労使関係論を体系的に整理されているものとして，
　永山武夫編著『労働経済―「日本的経営」と労働問題』ミネルヴァ書房　1992年を掲げておく。
　なお，安藤喜久雄・田草川僚一『産業と組織の社会学』学文社　1995年は初心者にもわかりやすく労使関係論を解説されている。
　日本における戦後の労使関係および労働運動の足跡を辿り，その特質をつかむならば，
　神代和欣，連合総研『戦後50年　産業・雇用・労働史』日本労働研究機構　1996年および社会経済生産性本部編『労使関係白書30年史――白書にみるわが国労使関係の軌跡』同左　1996年（1966～1995年）がある。
　労働組合観，ビジネス・ユニオニズム，労働組合主義など労働組合に関する諸学説を取りまとめたものに小川登『労働組合の思想』日本評論社　1993年　第7版。

労働組合の経営参加および労使協議制については，野村正實『雇用不安』岩波新書　1998年。小池和男『労働者の経営参加―西欧の経験と日本』日本評論社　1978年。日本労働研究機構　調査研究報告書「労使協議制の研究――諸外国の経験をふまえて」1994年。伊澤章『欧州労使協議会への挑戦―EU企業別労使協議制度の成立と発展』日本労働研究機構　1996年。

日本の労働運動や労働組合にまつわる課題やゆくえを得る手がかりとして，稲上毅・川喜多喬『ユニオン・アイデンティティ』日本労働協会（現日本労働研究機構）1988年および中村圭介・佐藤博樹・神谷拓平『労働組合は本当に役立っているのか』総合労働研究所　1988年をあげておく。

「修正ネオ・コーポラティズム」に関しては稲上毅，川喜多喬編『講座社会学第6巻労働』東京大学出版会　1999年を参考にされたい。

第7章　職業労働の新波動

7-1　情報化・サービス経済化と就業構造の変化

(1) 知識社会の到来

現代産業社会をドラッカー（P. Drucker）が「不連続の連続」(age of discontinuity) と形容し，ベル（D. Bell）が「脱工業化社会」(post-industrial society) の到来を告げ，トフラー（A. Toffler）が新たな文明として「第三の波」を予測して四半世紀が経過した。これらの共通したキー概念は情報化・サービス経済化の進展であり，経験やカンに代る知識の優越，多様なワーキングスタイルや価値の多元化といった社会構造の変化を指摘したことであった。

情報化社会あるいは脱工業化社会と呼称される現段階は，重化学工業の成熟に伴う経済成長の成果であるにせよ，いきなり登場したわけではない。その背景には労働生産性の上昇があったし，生産性をより一層引き上げるためには人的労働力に代って，情報機器と通信システムが高度に配置・合理化されたオートメーション化によるところが大きい。この技術進歩の過程で必要となる知識・情報の生産が産業化するところに，頭脳労働がシステム化され創造的技術体系に融合される。

こうした産業経済の成長とそれに則した労働力の適応を，経済学よりも組織化，都市化，余暇を包括して社会学的に捉えたのは，D. ベルの『脱工業化社会』(1971) であった。ベルの「脱工業化社会」論は「社会構造」の変動にのみかかわるものであるとし，その変化の一般的特徴を次の五つの諸側面から整理した。

(a) 経済部門・産業構造は，物的財生産の経済からサービス経済を創出し，サービス部門が労働力人口やGDPにおいて大きな比重を占める。その際，銀

行，保険，健康，教育，研究，行政，情報等の組織集団が個人サービス（小売，飲食，美容等）に比べて重要な意味をもつ。(b)就業構造においてホワイトカラーが一層増大し，専門的・技術的階層が新しい地位体系を形成する。とりわけ研究開発企業，大学，研究所などで科学に基礎をおく知識階層が第一義的に重要な役割を任う。(c)コンピュータや通信機器など新しい情報システムの発達は産業を知識集約化するが，そこでは「理論的知識」が中心を成し，主軸原理として社会に対する革新と政策形成の源泉になる。「理論的知識」は経験に対して優越し，知識の周辺に組織化される。(d)新技術の統御と技術事前評価（テクノロジー・アセスメント）の発展によって，技術の直接的効果のみならず，2次・3次の波及効果を考慮して設計され，未来を自立的に志向する。(e)新しい「知的技術」（ソフトウェア等）の開発・創造がコンピュータと結びつき，意思決定用具として経済・社会の諸問題の解明に利用される。

　サービス経済化の進展をみすえつつも，脱工業化社会の主軸原理を「理論的知識」に求め，それが中心的役割を果たし知識の周辺に組織される。「コンピューターの利用によるシュミレーション手段の精緻化に伴って，社会科学における『コントロールされた実験』を大規模にはじめて可能」とし，予測と計画化によって将来への方向づけ，社会管理を行うようになる。今後100年は，科学を基礎にした産業（エレクトロニクス，コンピュータ，ファインケミカル，バイオテクノロジー，新金属など）によって主導され，知的機関が革新と知識の源泉として主要な制度となる。そこでは，「組織された知性」としての専門経営者をはじめテクノストラクチャー（technostructure）が社会階層体系の新しい軸を形成するという。

(2)　デジタル・エコノミー

　上述の脱工業化社会論は現実のものとなっているが，いまやその予想を越えるスピードと質的な変化が現象している。パソコンとインターネットが融合し，1990年代後半に開花したIT（情報通信技術 Information Technology）は，

革命と呼ばれるほどのインパクトと文明的広がりをもちはじめたようである。IT革命によってもたらされる経済社会では，鉄，コンクリート，炭素系有機物質，パルプなど有形財の生産と消費による経済成長に代って，無形財であるデジタル財を支えに，サービスの比重を増幅しながら最小の物質投入で最大の生活の満足を供給し，それが成長の源泉として新しい産業，新たな生活様式を創出する。

デジタル財は，コンピュータの二進法のコードを使って，情報とコミュニケーションは∞の1と0に変換され，コンピュータにビットとして保存され，ネットワークを通じて光のスピードで伝達されたものである。文字・音声・映像などによって表現されたデジタル財は人間の頭脳の中で生産され，インターネット空間で取引される。それはモノの加工，移動を伴わず，省エネルギー・省資源を大幅に促進させる。

デジタル技術の進歩は，個人に体化されてきた思い，視点，熟練，ノウハウなど長い経験によって培養されてきた暗黙知の多くを，データベースやネットワークシステムの利用を通じて形式知に変換し，容易にアクセスでき，蓄積・共有されるようになった。そうなると長い時間をかけて人材を育成したり，組織内部に資源をとり込んでおく必要がなくなる。デジタル化された形式知は社外の市場で取引されるケースが多くなるとともに，熟練を要する仕事は大幅に減少する。そこでは派遣社員，パートタイマー，契約社員の活用の増加，アウトソーシングや企業間の業務提携が拡大する。

標準化・マニュアル化された労働を外部化したり，未・半熟練者を雇用しなくて済む一方で，知識の重要性は企業固有の高い価値を統合する暗黙知を企業内部に統合することになる。社内の知識供給者で重要な任務を担うのは高度な専門知識を基底に意思決定にかかわる中核グループである。

こうした動向は，情報量・情報力検索力の差，情報を知識に変換する優劣が新しい階層を形成することを意味する。「組織された知性」に代って「ネットワークされた知性」が，市場価値を伴って優越する時代になる。ここで知識と

は「論理的判断または実験結果を表わす事実もしくは概念（アイディア）の一連の組織的陳述を意味し，ある体系的な形態でコミュニケーション媒体を通じて他者に伝達されるもの」(D. ベル著，山崎正和・林雄二郎他訳『知識社会の衝撃』TBS ブリタニカ　1995年　p.53）をいう。

　堺屋太一は，その著書『知価革命』の中で，「ネットワークされた知性」にまつわる新しい変化を次のように指摘していた。産業革命以前の手工業の段階では，職人が自分の工具をもち，技能をよりどころとしたように労働力の持ち主が，事前の生産手段をもっていた。やがてエネルギー革命による大規模工場生産が出現すると，「生産手段と労働力が分離」された。ところが，情報ネットワーク社会（知価社会）になると，情報機器を駆使し，在宅でも仕事をこなせ，「生産手段と労働力が再び合体した生産形態が社会の主流となるだろう」。知識労働者にとって「最も重要な生産手段は，本人の知識と経験と感覚」であるという。

　なるほど上述の変化は，20歳台後半から30歳台を中心とする職業的独立，起業家志向を促す契機になっている。自己の専門的知識・技術や趣味（好きなこと）を生かして職業生活設計を考えるワーキングスタイルが顕著になりつつある。だがそこでは，現実の厳しさや自主責任の原則が求められる。人件費削減の意図がみえ隠れする業績主義が社会的公正を装い，個性（能力）の発揮を唱いながら，本当にやりたい仕事にチャレンジしてみようという気運が高められる。能力主義はキャリアにもとづく「仕事競争」にではなく，市場性豊かな個人間の「賃金競争」にかりたてられてしまう。

(3)　サービス経済化と就業形態・雇用形態の変化

　一国の経済発展は産業構造の高度化するという「ペティ・クラークの法則」どおり，日本でも昭和38年頃から第三次産業就業者が63.3％に達した。2010年には製造業で働く人が2割を割り込み，第三次産業就業者が就業者全体の2/3を占めると予測されている。第三次産業就業者にあっては，卸小売・飲

図表7－1　産業別就業者数の推移と見通し

(単位　万人・%)

年 産業	就業者数			構成比		
	1990年	1998	2010	1990年	1998	2010
産業計	6,249	6,514	6,455	100.0	100.0	100.0
第1次産業	451	343	250	7.2	5.3	3.9
第2次産業	2,099	2,050	1,833	33.6	31.5	28.4
建設業	588	662	617	9.4	10.2	9.6
製造業	1,505	1,382	1,211	21.2	21.2	18.8
第3次産業	3,669	4,121	4,372	58.7	63.3	67.7
電気・ガス・水道	30	37	43	0.5	0.6	0.7
卸・小売，飲食店	1,415	1,483	1,446	22.6	22.8	22.4
金融・保険，不動産	259	257	281	4.1	3.9	4.4
運輸・通信	375	405	415	6.0	6.2	6.4
サービス業	1,620	1,938	2,187	25.9	29.8	33.9

注）サービス業には，分類不能が含まれている。
出所）1．1990，1998年は，総務庁統計局「労働力調査」による実績値。
　　　2．2010年は，労働省雇用政策研究会の推計による。

図表7－2　職業別就業者数の推移と見通し

(単位　万人・%)

年 職業	就業者数			構成比		
	1990年	1998	2010	1990年	1998	2010
職業計	6,249	6,514	6,455	100.0	100.0	100.0
専門的・技術的職業従事者	690	844	973	11.0	13.0	15.1
管理的職業従事者	239	222	173	3.8	3.4	2.7
事務従事者	1,157	1,290	1,390	18.5	19.8	21.5
販売従事者	940	928	846	15.0	14.2	13.1
農林漁業従事者	448	340	246	7.2	5.2	3.8
運輸・通信従事者	233	232	215	3.7	3.6	3.3
技能工，製造・建設作業者	1,702	1,634	1,444	27.2	25.1	22.4
労務作業者	274	333	393	4.4	5.1	6.1
保安職業・サービス職業従事者	535	654	774	8.6	10.0	12.0

注）職業計には，分類不能等が含まれているので，内訳の合計とは必ずしも一致しない。
出所）1．1990，1998年は，総務庁統計局「労働力調査」による実績値。
　　　2．2010年は，労働省雇用政策研究会の推計による。

食業に就労する人数が横ばいなのに対し，サービス業就業者の増加が目立ち，全就業者の3人に1人にものぼる。(図表7－1)。かつて物的生産活動のあだ花呼ばわりされたり，「第二次的分配」の所得と規定されたサービス活動は，今日，産業の主役に躍り出たのである。

就業人口の半分以上が有形産業のかかわらない状態を，「サービス経済」の段階としたのはフュックス (V. R. Fuchs) であったが，サービス労働は労働集約的な消失的サービス労働やホスピタリティーサービス労働ばかりではない。情報や知識を媒介として「形式知」に体系化・一般化するシステマティックなサービス労働を次々に生み出してくることでもある。(尾形隆彰「サービス経済化とサービス労働」青井和夫監修／石川晃弘編『産業社会学』サイエンス社　1988年)

① ホワイトカラー職種の多様化

職業別就業者の推移をみると雇用者 (サラリーマン) が増大し，専門・技術，管理，事務，販売，一部サービス職業などに従事するホワイトカラー職種が肥大化している (図表7－2)。その要因には，(a)技術革新によって専門的・技術的職業が多数需要され，(b)企業組織が巨大化・複雑化するにつれ，管理的職業が多く必要とされた。(c)生産の量的拡大と共に流通機構も大規模化して販売従事者が増大した。(d)公共サービスや行政機能の拡大によって公務員の数も増加した。(e)他方で生活水準が向上し，ニーズが多様化することで個人サービスとそれに関連したサービスの需要を高め，(f)新しい産業社会に適応するために教育・文化関連の職業も数多く現われた，などがあげられる。

大きくつかんだホワイトカラー職群は多様である。ⓐ専門的・技術的職業をとってみても，経営者の意思決定に専門的な知識や技術をもって助言するスタッフ的役割の職種ばかりではない。ラインに近い生産技術・管理職，営業と連携が必要な技術サービス職，高度な科学的知識に基づく研究開発職・アナリスト，創造的感性を伴うクリエーターなど多岐にわたる。ⓑ事務的職業従事者には，OA化の進展によってマニュアル化された職務がある一方で，ヒューリスティック (非定型的) な仕事をする職種がある。また総務・人事労務など

コーディネーターあるいはサポーター的な仕事をする人もいる。ⓒ販売従事者についても，商店・小企業に働く人と，スーパーやチェーンストアなど組織化された対人販売とではその労働様態が異なる。またプロモーター的役割を担う人もいる。ⓓサービス職業従事者にはホスピタリティーサービス労働に携る職種もホワイトカラーに含まれる。

② 勤務形態の弾力化

ネットワーク社会は，「規模の利益」（スケール・メリット）から，「ハイテク・情報化による第3次産業革命として脱規格化，多様化，分衆化への過程で『範囲の利益』（スコープ・メリット）を求める時代への移行」（通産省『21世紀産業社会の構想』）を拡大する。それはまた「豊かな社会」の現出とあいまって，最終消費財のみならず投資財においても多品種少量生産・販売の拡大，マーケット・セグメンテーション（市場の細分化）を進展させる。

新しい商品とサービスの創出に重点を置き，多様化・個性化・流動化した時代に適合したマーケティング戦略が不可欠になると，従来のように企業内で長時間かけて，人材を育成していくゆとりが少なくならざるをえない。即戦力となるヘッドハンティング，中途採用がますます活発化し，一般化していく。しかもそこでの人材に対する要件は，専門的・技術的能力，人脈，高度の営業能力等が要請され，採用，教育，賃金，処遇，雇用形態等も多様化していく。「裁量労働制」が，業績主義的な能力主義の前進とあいまって法制化の対象を拡大されるゆえんもここに見出せよう。

またユーザーや顧客に対するサービスの多様な供給，経営の多角化は，コンビニエンスストア，外食産業，宅配業，カタログ販売，スポーツやリゾートなどの総合レジャークラブなどの対個人関連サービスを，そして各種情報サービス，事務処理，ビル管理，ビジネススクールなどの対事業所サービスを多数登場させて新しい職業，多様な勤務形態を生み出している。

さらに専門的知識・情報とサービスの融合は，医療，健康，教育，金融，保険，ファッション，情報通信などの分野で新たな職業を創出しながら労働力需

要をも伸張させている。これら都市型産業と呼ばれるものの中には，深夜・休日24時間営業の企業が少なくない。そのような所では顧客の多様なニーズに答えるために，機能的で柔軟性に富む勤務形態が目立つ。9時～5時といった通常勤務が依然として少なくないものの，フレックスタイムやサムタイム勤務，在宅勤務等，自由裁量の余地の多い柔軟なワーキングスタイルを望む人が着実に増えている。画一的な時間管理を避け，各自の都合のよい時間・曜日等を自主的に決めたり，雇用者の自在な勤務形態への希望を配慮した企業も多い。ネットワーク社会が進展すると，自己の能力，キャリアを登録し，複数の職場で働く（多重職場）ケースもめずらしくなくなる。

③ 雇用形態の多様化

いうまでもなくサービスが物財区別される最も大きな特性は，それが無形であって保存したり計量するのが困難である点に求められる。サービスは，それが需要されるその場所で，その時に供給されなければならず，空間的にも時間的にも需要と供給は一致していなければならない。このことは，まずサービスの立地条件が消費者の身近なところ，あるいは利便性の高いところにある必要性を生じさせる。次に時間的にみて，ピーク時とそれ以外における移動率を常に考慮して調整しておくことが不可欠になる。それ故，サービス産業では，「規模の経済性」を図ってチェーン化する動きもあろうが，多くの場合，小規模単位で消費者ニーズに即応しようとしたり，稼働率の増減に合わせて調整可能な労働力を調達し，後述する「フロー型雇用」への依存を強める。サービス業が労働集約的であるという事由もそうしたサービスの特性から派生するものである。これらの新業種は，主としてパートタイマー，アルバイト，派遣労働者といった非正規社員が活躍する場でもある。総務庁「就業構造基本調査」(1998年)によれば，前出の非正規従業員は，全雇用者の中でパートタイマーが12.7％にのぼり，派遣労働者0.5％，アルバイト6.1％，嘱託・その他2.7％となっている（図表7－3）。

なお派遣労働者は，現在約80万人が登録し，実労働者数は35万人ほどとさ

図表7－3　雇用形態別雇用者構成比

(単位　％)

性・年齢階級	雇用者計	民間の役員	正規の職員・従業員	パート	アルバイト	派遣社員	嘱託など	その他
1987年								
男女計	100.0	6.7	74.9	10.1	4.1	0.2	1.6	2.4
15～24歳	100.0	0.3	81.6	2.9	13.0	0.2	0.5	1.5
25～34	100.0	2.0	85.9	6.2	3.1	0.3	0.7	1.6
35～54	100.0	7.5	73.3	14.2	1.8	0.1	0.8	2.3
55歳以上	100.0	18.9	54.2	10.4	3.7	0.2	7.2	5.5
男性	100.0	8.5	83.2	0.7	3.3	0.1	1.6	2.5
女性	100.0	3.6	60.6	26.3	5.5	0.3	1.5	2.2
1997年								
男女計	100.0	7.0	70.1	12.7	6.1	0.5	1.8	1.9
15～24歳	100.0	0.4	69.6	4.0	23.4	0.6	0.5	1.4
25～34	100.0	2.0	82.9	7.3	4.5	1.0	0.7	1.5
35～54	100.0	7.4	71.1	16.8	2.0	0.3	0.9	1.5
55歳以上	100.0	17.7	51.8	16.4	4.4	0.2	6.3	3.6
男性	100.0	9.0	80.9	1.3	5.0	0.2	1.8	1.8
女性	100.0	4.0	53.8	30.0	7.7	0.9	1.7	1.9

出所）総務庁統計局「就業構造基本調査」1998年

れる（労働省調べ）が，金融，保険，商社などの新規参入，さらには人材ビジネスの一環としてもかなりの増加が見込まれる。

このような非正規雇用者は，景気変動の調節という側面で需要されることが後退し，大きな戦力として活用されることも少なくない。そうなると，人的資源をダムに水を貯蔵するように，かつ組織に固定する雇用制度は，いよいよ動揺してくるとみてよいだろう。

ただ，標準労働者比率や平均勤続年数で測ると，終身雇用制度はむしろ深化しているようにみえる。「賃金構造基本調査」では勤続年数がわずかながら長期化している。しかしその内実は，新規学卒の採用抑制，リストラクチャリング（以下リストラと略す）に名を借りた中高年の雇用調整が広く実施されてい

るのであり，正社員数が減少している中での勤続年数長期化といった事実を看過すべきでない。

7-2 労働市場の階層分化

(1) 終身雇用の希少性

かつて小泉幸之輔は，「定時の出勤・就業を規則的に繰り返す就業様式，そして学卒の定期採用からはじまって，個別企業色に染めあげた教育訓練，企業内部でキャリア形成をしながらの昇進・昇給，定年・退職金と連なる慣行によって築きあげられた雇用姿態」を「規範的雇用」（小泉幸之輔「規範的雇用の逸脱と非市場性」『日本大学社会学論叢』86号　昭和53年3月）と呼んだ。「規範的雇用」は年功的労使関係における集団主義的行動様式に基づくものであり，性格規範の拠りどころをすべて会社生活に準拠する「会社中心主義」を指すといってもよい。それを社会的慣行として，あるいは制度として形成された典型モデルに，いわゆる終身雇用制がある。

終身雇用制といっても，この定義に該当すると考えられる，いわゆる「良好な雇用機会」に恵まれた雇用者は全体5,368万人（『労働力調査』平成10年）のうち広くとらえても20〜25％，狭義に解釈するとおよそ10％にすぎないとの試算がある（神代和欣「日本における労働者生活の質」『日本労働研究雑誌』1990年6月号）。さらに，全雇用者の3/4は「企業へ非定着の移動労働者」で占められている問題（高梨昌『不安定雇用労働者』『日本労働研究雑誌』1990年6月号）が存在しているという見方もある。「良好な雇用機会」にある雇用者はすでに希少性を帯びていたのである。

他方，内部労働市場の枠組みおよび「内部昇進型」の基幹的社員層とは裏腹に，職種を変転し，外部労働市場を形成する多数の人が就労している事実は看過できない。またサービス経済化・情報化の進展によって，雇用形態の多様化，就業（勤務）形態の弾力化を促し，専門的知識・能力の発揮・活用にかか

わる需要の高まりと相まって人材の流動化を加速し,いわゆる雇用構造のフレキシブル化が広範に進展している。加えて昨今の人材に対する市場的価値を重視する動勢は,正規従業員を雇用調整の対象として,かつ内部労働市場の階層分化を顕在化しながら,日本的雇用慣行を揺るがしかねない事態をもたらしている。

日経連は来るべき新時代の企業経営について,従来のような包括的・一元的な管理や制度ではなく多様で弾力的な雇用システムの構築が要請されると『新時代の「日本的経営」―挑戦すべき方向とその具体策』(1995年)で明示的にした。それによれば,今後の主要な雇用のタイプは,

ⓐゼネラリスト型管理職・総合職,基幹的技能職を対象に期間の定めのない「長期蓄積能力活用型グループ」

ⓑ必ずしも長期雇用を前提とせず,企業の抱える課題解決に専門的熟練・能力をもって応え年俸制などにより業績・成果と処遇を一致させる「高度専門活用型グループ」

ⓒ一般職,技能職,販売職などを対象にしつつ,定型的業務から専門的業務を遂行でき,時間給・職務給によって処遇し,必要に応じて活用する「雇用柔軟型グループ」

に分け,企業内労働市場の三重構造を描いた。そしてこれらを効果的に組み合わせた「自社型雇用ポートフォリオ」やそれぞれのタイプに対応した雇用管理・処遇制度の確立を説いた。企業内労働市場の三重図式とはいえ,明確に分けられるのではなく重複するところがある。のみならず,実際には3タイプ以上に分化しているのではあるまいか。

(2) コンティンジェント・ワーカー

近頃アメリカでは,市場条件の変化に対応させて弾力的に雇用を調整・運用する労働者をコンティンジェント (Contingent worker) と称している。(Anne E. Polivka and J. T. Nardone, On the definition of "contingent work", *Monthly*

Labor Review, U. S. Department of Labor Bureau of Statistics, December 1989）．コンティンジェントという言葉は，フリーマン（A. Freeman）が1985年にはじめて用いたようであるが（A. E. Polivka & T. Nardone, ibid pp. 9-10），彼女によれば「特定の機会に特定の場所において，必要とされる，もしくは特定のサービス・製品・技術のために労働力を供給する暫定的で一時的な雇用関係」（A. Freeman, *Rising Use of Parttime and Temporary Workers*, p. 35, Washington, U. S. Government Pointing, 1988）と規定している。しかしここではその対象がかなり広範囲に及んでいる点に注意しておかなければならない。すなわちパートタイマー，アルバイト，派遣労働者といった直接的あるいは間接的な雇用契約に基づく賃金労働者ばかりでなく，自営業，自由業，ホームワーク，外注・下請業者などが含まれているのである。

コンティンジェント労働者は，現在アメリカにどのくらい数えられるのであろうか。

図表7－4にある〈見積1〉とは，現在の職が1年を越えて継続しないと予想される賃金労働者で，自営業者および独立契約者は含まれない。派遣労働者に関して，コンティンジェント・ワーカーか否かの判断は，現在の派遣先を今後どのくらい継続できるかではなく，派遣会社や請負会社に今後どのくらい在籍するかという点を基準に行う。

〈見積2〉は，現在の職が今後1年を超えて継続せず，かつ現在の職の継続期間が1年未満の自営業者や独立契約者を含む。派遣労働者については，派遣会社や請負会社に今後どのくらい在籍するかではなく，現在の派遣先を今後どのくらい継続するかでコンティンジェント・ワーカーか否かを決める。

〈見積3〉では，現在の職が永続的に継続しないと考える全労働者を含む。賃金労働者においては，現在の職が一年を超えて継続し，かつ現職が今後最低でも1年は継続すると考えている場合でもコンティンジェント・ワーカーに含む。自営業者や独立契約者の場合では，現在の職が1年を超えて継続すると考えられず，かつ自営業あるいは独立契約者として開業後1年以下の者がコンテ

図表7-4　コンティンジェント・ワーカーの職業

(1995.2)（千人，%）

	コンティンジェント・ワーカー			非コンティンジェント・ワーカー
	見積り1	見積り2	見積り3	
16歳以上の人口（千人）	2,739	3,422	6,034	117,174
（%）	100	100	100	100
経営，管理職	4.9	5.5	7.6	14.0
専門職	17.2	16.6	20.6	14.6
テクニシャン・関連サポート	1.8	2.2	2.7	3.2
販売関係の職	6.2	6.9	6.4	12.2
事務をふくむ管理支援	20.9	18.7	17.7	15.0
サービス職	17.9	19.8	16.0	13.4
精密加工，技能的仕事，修繕	11.0	11.3	10.0	10.8
作業者	17.4	16.1	15.8	14.2
農林・水産	2.6	3.0	3.0	2.6

出所）・アメリカ労働統計局（BLS）『労働力特別調査（CPS）』
・Edited by Kathaleen Baker and Kathaleen Christensen, "Contingents Work, American Employment Relations in Transition" Cornell University Press, 1988, p.49

ィンジェント・ワーカーとして扱われる。

　コンティンジェント労働者を以上のようにとらえるなら，日本でもサービス業をはじめ多くの企業でみることができるし，その比重は増大しつつある。

　たとえばデパートで働いている人の多くは，出店企業からの出向・派遣で構成されている。企業活動の実際はそのすべてを，自らの社員および直接雇用したパートタイマー等で運営されているわけではないのである。とはいえ，企業内の医務室で働く自営業として医師，業務契約のもとに他の企業へサービスを提供しているコンピュータソフト会社，警備会社，清掃会社から派遣されている人びとなども含めることは，明らかに過大評価といわなければならない。

　そのような規定の曖昧性はしかし，その一方でサービス経済化・情報化の進展に伴う「フロー型」雇用制度〈企業〉の進行といった一面をとらえている。労働力需給構造の変化を背景に「ストック型からフロー型」雇用制度の構成比割合の高まりを指摘する島田晴雄は，両者を対比させて次のように規定する。

「ストック型と巨大な資本設備をもち，また，人的資源についても膨大な内部蓄積をもつことによって生産活動を行う企業であり，これに対してフロー型企業は，固有の資本設備はそれほど大きくなく，雇用労働力の人的資本も必ずしも内部蓄積に依存しない。むしろ，必要な資本サービスや労働サービスは，短期的な契約や外部からの調達によってフローとしてのサービスを買うことで企業の必要を満たしていく」（ソフトミックス・フォローアップ研究会『経済のソフト化と労働市場』1985年 p.26）。多様で変化の激しいサービス需要に即応するには，小規模で固定費が低い経営形態の方が機動的で有利な場合が少なくないのであり，さらにそれは業務の外部化を促進するもとなろう。

こうしてみると，当初提起されたコンティンジェントの概念には，その対象範囲を始めとして問題点が多いものの，雇用構造の変化に関するコンテキストは評価されてよいと考える。下請け労働者や自営業者の中には，必要に応じて需要された"臨時"であったとしても，かなり高度な知識・技術をもった専門職や営業職もいる。サービス経済化の進展，情報技術の進展は，短期的な利益を追求しがちなアメリカ企業のみならず日本でも，即戦力として専門特化した外部人材を活用したり，さらにアウトソーシング（外注）の有用性が前進してくるのである。

他方，労働主体の側からは，生活の質を向上しながら自己の行き方そのものを問い直したり，自由に働くことを求める風潮が高まっている。就労と余暇のあり方にめぐる動向に集約される価値の多元化が，もはや見逃せない存在としてコンティンジェント・ワーカーの台頭を促しているといえよう。

コンティンジェント・ワーカー急増の契機は，1980年代初めの不況下における労務費削減および労働力を変動的要素と見なす採用管理を実施してきたこと，そして雇用機会均等法の下に容易に労働者（とくに正社員）をレイオフするとかえってコストが高くついてしまうことなどによる。固定的人件費の節約を図って，経営効率を高めるため彼らを数多く雇用してきたといえよう。(a)それは雇用関係〈期間〉の実際の長さではなく，仕事の安定的・持続的保障

(security) の低さ。(b)雇用契約側面における労働時間の可変性 (variability in hours)（ただし，フルタイムのフレックス勤務は含まれていない）。(c)福利厚生へのアクセス，つまり健康保険に関する事業主負担の欠如が問題として示される (A. E. Polivka & T. Nardone, ibid, pp. 10-11)。

たとえば，アメリカの場合，フルタイマーに対する健康保険や各種の給付，休暇や医療費等に支払い，その他の管理費は平均給与の半分近くを占めるといわれる。これに対しパートタイマーの賃金は，フルタイマーの6割程度であり，しかも健康保険の適用を受けない者は3割，年金資格のない者は8割を超えているという (Edited by K. Barker and K. Christensen, *Contingent Work, American Employment Relations In Transition* Cornell University Press, 1988)。

ただここで注意しておかなければならないのは，いわゆる「二重労働市場論」（ドーリンジャーとピオーリ）における「第二次的労働市場」として，コンティンジェント・ワーカーを位置づけるわけにはいかない点である。1960年代に展開された「二重労働市場」では，経済的不利な立場に置かれている層や未熟練労働者，とりわけ都市の黒人やヒスパニックへの根深い差別と失業を説明するために，そして彼らが二次的労働市場から抜け出せないでいる状態をいったものである。ところが，コンティンジェント労働市場の研究者たちが映し出したのは，先に若干触れたように，自発的あるいは望んで臨時の仕事に就いた人，さらには看護婦，会計士，エンジニア，非常勤講師などの高度な専門的知識・技術を有する職種も含まれている。また彼らは，さまざまな就労動機をもっており，自由な時間を選択する人，特殊な仕事をいろいろ経験してキャリアを重ねたいと思う人，社会保険の費用の足しにしたり副収入を得たい人，さらに正規のフルタイムでは所得制限を超えてしまうからという年配の人もいるようだ。

7－3　女性労働の特質と職業生活のコース

(1) 縁辺労働の止揚

女性の年齢別労働力率は，周知のM字型で表わされる。学校卒業後の高い就業率は，結婚・出産・子育てによって労働市場から退出して谷を形成し，中高年（30歳台～50歳台）でふたたび上昇を示す。こうした労働力曲線は，女性特有のライフステージに則したものであるとされてきた。女性の雇用は若年未婚の女子の短期勤続が中心であり，男子標準労働者を軸とした終身雇用制を維持する周辺部として位置付けられてもきた。

また女性の有業率は，夫の収入が少ないほど高く，夫の収入が多いほど低いとされ（ダグラス＝有沢法則），女性労働力の性格は核労働力としての夫・世帯主の収入を補う家計補助的であることから「縁辺労働」と呼ばれた。

こうした女性労働の性格づけは，サービス産業の進展，家庭電化製品の普及による家事労働からの負担軽減，社会参画への運動などを背景に，従業員構成の高齢化による賃金コストの増加，能力主義に基づく積極的活用を促しながら止揚されたかのようにみえる。たしかにM字カーブの谷は年々浅くなっており，「男女雇用機会均等法」「育児休業制度」の施行もあって，出産・子育てにもかかわらず仕事を継続する女性は増加した（図表7－5）。

しかし依然として，女性の「働きやすさ」を妨げる労働市場の実質的差別は解消していないし，出産・育児の両立を可能にする労働条件や社会的基盤は整備されているとはいい難い。

すでに北欧やアメリカでは次第に女性労働力率がM字型から逆U字型（高原型）にシフトしつつある。ところが，日本では20歳代後半の女性労働力率は上昇してきているものの，いまだM字型をとどめている。これは女性の未婚率の上昇とパラレルな関係をもつが，育児の負担が雇用継続を困難とする状況に追い込み，その苦労がまた出産・育児を敬遠させ，少子化につながる悪循環を伴っている。平成9年度『国民生活白書』では，30歳台前半における無

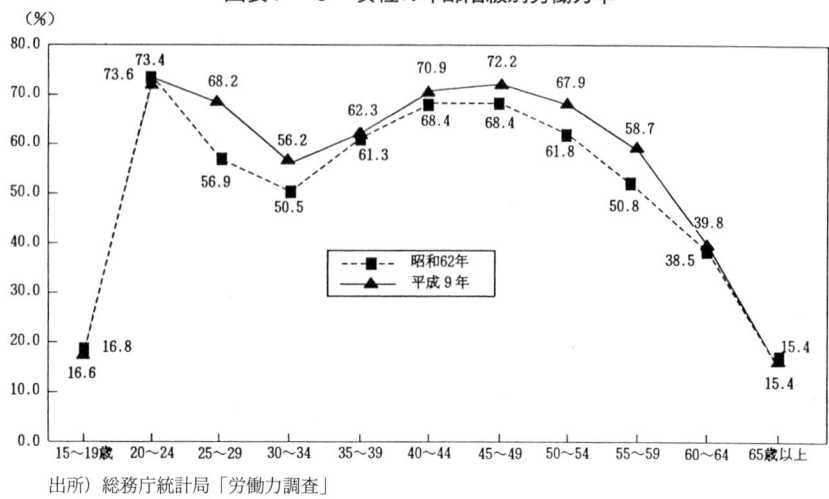

図表7－5　女性の年齢階級別労働力率

（％）

- - ■ - - 昭和62年
―▲― 平成9年

年齢	昭和62年	平成9年
15～19歳	16.6	16.8
20～24	73.6	73.4
25～29	56.9	68.2
30～34	50.5	56.2
35～39	61.3	62.3
40～44	68.4	70.9
45～49	68.4	72.2
50～54	61.8	67.9
55～59	50.8	58.7
60～64	38.5	39.8
65歳以上	15.4	15.4

出所）総務庁統計局「労働力調査」

業の女性の2割が就業を希望していると報告していた。この就業希望率と実際の労働力率を合計した潜在有業率でとらえると，欧米の逆U字型の就業パターンになるという。このことは「働きやすさ」を創出する社会的基盤および社会的合意の重要性を物語る。

(2)　介護による離・転職の派生

「働きやすさ」の創出は，出産・育児と仕事の両立をめぐる問題だけではない。女性に負担がかかる現実は，育児よりも介護・看護が重くのしかかる。介護は光明を見出しにくく長期にわたることが多いだけに，心身ともに疲労する。配偶者や父母，子どもなど家族を常時介護する必要が生じた場合，申請に基づいて3ヵ月以内の休業を認める「介護休業法」が1999年4月から施行され，企業にこの制度導入が義務づけられる。とはいえ，この制度は緒についたところであり，解決されるべき問題が山積している。

この法律によって介護休業が社会的に認知されたにしても，個人生活を優先しない「会社中心主義」のままでは，家族の介護・看護のために退職や転職を

余儀なくされる事態を少なからず現象させよう。

老親介護特集を組んだアメリカの雑誌『ワーキング・ウーマン』(Parental Guidance, "*Working Woman*", June, 1995) によれば，全米で老親（または親族）を介護している人は700万人以上にのぼり，内55％（390万人）が働きながら介護に当たっている。さらにその2/3（約260万人）は働く女性が占める。働きながら介護する女性の中には，育児も同時に行っている人が少なくなく，38％を数えるという（D. Harris）。

介護に携るのは女性とは限らないが，現実に働く女性に負担がしわ寄せされるケースが多いのは事実であり，離・転職などが顕在化する。『ワーキング・ウーマン』ではさらに，介護のために，働く女性の25％が転職を経験し，39％が仕事（職場）に悩みをかかえ22％が休職（quitting）を考え，14％の人が働くのをあきらめざるをえなくなった，と伝える（J. Lawlor）。

日本でも家族を介護・看護するために年間11万人が転職したとされ，その大部分が女性（9万人）であった（総務庁「就業構造基本調査」1997年）。高齢化の急速な進展は，その数を大幅に増す恐れをなしとしないのである。先記「介護休業制度」における介護休業の取得者は，女性が大半で男性のそれはわずかであるのが現実である。加えて休業中の所得保障も課題となっている。

(3) 労働市場における中高年女性

いまや2,124万人（1998年）となった女性雇用者は，男性を含めた全雇用者（5,368万人）に占める割合が39.6％にまで達した。職業別にみても，いうところの一般事務・アシスタントにとどまらず，高学歴化とあいまって専門的・基幹的な仕事に就く女性が増えてきた。また高収入の夫をもつ妻であっても，外で働く割合が次第に上昇してきつつある点も見逃せない。

経済企画庁「国民生活選好度調査」（1997年）によれば，女性の働く理由は，「家計の足しにするため」「生計を維持するため」「自分で自由に使えるお金を得るため」「将来に備えて貯蓄するため」など多様である。とはいえ20歳台・

図表7－6　働く理由

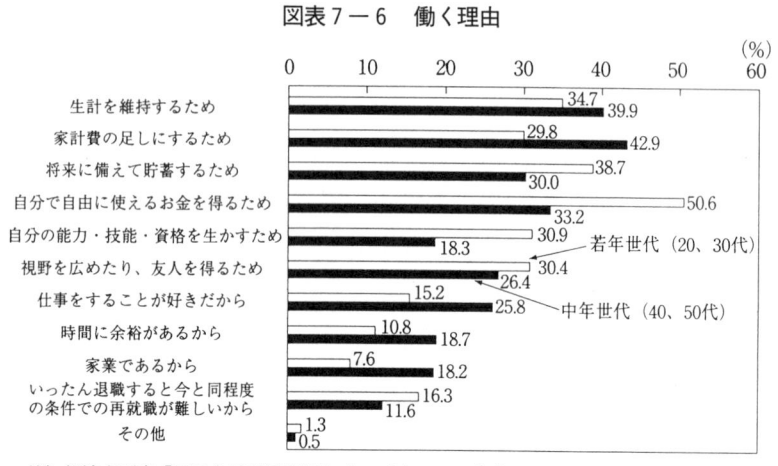

働く理由	若年世代（20、30代）	中年世代（40、50代）
生計を維持するため	34.7	39.9
家計費の足しにするため	29.8	42.9
将来に備えて貯蓄するため	30.0	38.7
自分で自由に使えるお金を得るため	50.6	33.2
自分の能力・技能・資格を生かすため	30.9	18.3
視野を広めたり、友人を得るため	30.4	26.4
仕事をすることが好きだから	15.2	25.8
時間に余裕があるから	10.8	18.7
家業であるから	7.6	18.2
いったん退職すると今と同程度の条件での再就職が難しいから	16.3	11.6
その他	1.3	0.5

注）経済企画庁「国民生活選好度調査（1997）」により作成

　30歳台の女性と，40歳台・50歳台の女性とは明らかに働く動機の重心が異なっている。若年世代では「自由に使えるお金を得るため」が半数にのぼるのに対し，中年世代では家計の補助的傾向が目につく（図表7－2）。これは，平成8年度『国民生活白書』で指摘されていたように，中高年女性の存在形態が「ダグラス＝有沢法則」に準ずる性格づけがなおも残存していることを裏付けるものでもある。

　その家計補助的性格は，時間的拘束を弾力的に対応するパートタイマーなどの短時間就労者に占める女性の高い比率からも把握できる。総務庁『労働力調査』によれば，週35時間未満の短時間雇用者（非農林業）は平成9年でに1,114万人（男女計）にのぼる。そのうち女性の短時間就労者は746万人と67％を占める。そして総務庁「就業構造基本調査」（1997年）にみる女性雇用者は，その30％がパートタイマーとして働いている。女性パートタイマーの賃金は平成9年で時間当り871円にすぎず，一般労働者（1,281円）の賃金を100とした水準は68.0に低下し，昭和52年のそれ（80.7）と比較しても賃金格差の拡大を表わす。女性・パートタイマーの中には常用労働者として長く勤務していたり，多能な職務をまかせられたりという人も少なくない。そのような人も

図表7-7　女性パートタイム労働者と一般労働者の賃金格差の推移

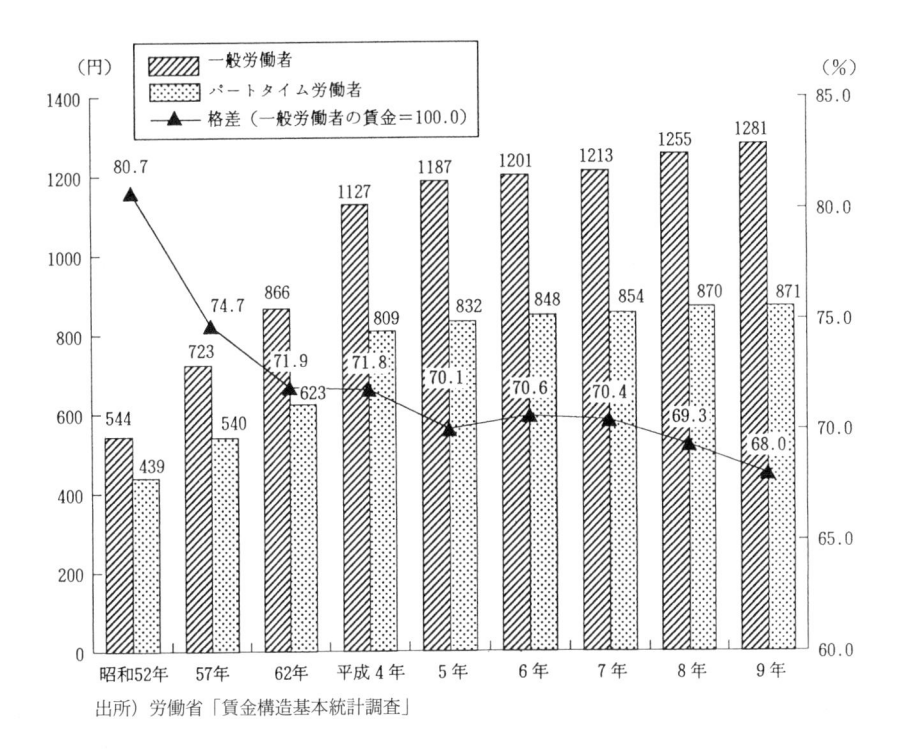

	昭和52年	57年	62年	平成4年	5年	6年	7年	8年	9年
一般労働者（円）	544	723	866	1127	1187	1201	1213	1255	1281
パートタイム労働者（円）	439	540	623	809	832	848	854	870	871
格差（％）	80.7	74.7	71.9	71.8	70.1	70.6	70.4	69.3	68.0

出所）労働省「賃金構造基本統計調査」

含めて低賃金を甘受し，能力を生かせないまま景気調整のクッションとして不安定就労を余儀なくさせる実態も横たわっている。

(4) ワーキングスタイルの多様化

　女性の就業行動は結婚・出産・育児とのかかわりを抜きには語れない。そうだとしても経済的自立や能力（個性）を生かすキャリアへの志向性，コンサマトリーな価値の表出などが，ライフステージへの多様な対応を示しているのも事実である。その一方で家族の「安定化」と「社会化」の機能を，夫とともにどう果たしてゆくかを問うていかなくてはならない。

　結婚・出産・育児などを契機に，職業生活の送り方，ワーキングスタイルが

変わることが多いとすればその選択（とりわけ未婚の女性にとって）は，次のようなコースが想定されよう。(a)「結婚または出産・育児で会社も仕事もやめ，家事育児に専念」，(b)「結婚または出産・育児で会社をやめるが，いずれ別の会社で正社員として再就職」，(c)「結婚や出産・育児にかかわりなく，正社員として継続勤務」，(d)「結婚または出産・育児で会社をやめ，いずれパートタイマーで働く」，(e)「結婚または出産・育児で会社をやめるが，自分であるいは仲間と新しい仕事をする」，(f)「子供はもたない」といった6コースをあげることができる。

ところで，専業主婦ということばが市民権をもったのは高度経済成長あたりのようだ。戦前・戦後30年代後半までは核家族化もさほど進んでなかったし，共働きも実のところ多かった。直言すれば，会社組織の規範に準拠する男性とそれを内助の功で支える行動様式は，会社中心主義を促す日本的雇用慣行の確立と無縁ではない。

いずれにせよ，過度の会社依存からの脱皮による個人生活重視の社会の創造が要請される中で，上述の課題に取り組むライフスタイル，職業生活のコース選択は多様化することになろう。

7－4　企業組織における職業的自律とその意義

(1) 職業の意味

尾高邦雄は，社会と個人を結ぶ重要な結節点として職業を位置づけた。そして職業は，ⓐ 衣食の質を得るための「生計の維持」，ⓑ 社会的に期待される職分を遂行する「役割の実現」，ⓒ「天職」の自覚に基づく「個性の発揮」の三要素による継続的な人間の活動であると定義した（『新稿職業社会学』Ⅰ，Ⅱ　福村書店　1953年）。

ここで職業は，天職や職分を意味する「職」と生計（業）の合成語とされ，二面性を有す。天職としての「職」は，カルビンの「職業召命説における神か

らの「お召し calling」であった。神からさずけられた「職分」に対して質素・検約に努め，勤勉に励むことが神の威光に添うことに他ならないとされる。現在，天職の意味あいで表現されているのは beruf, vocation, proffesion である。これは仕事（職業）それ自体によって，あるいは仕事を通して自己実現を図る概念として用いられる。ただ proffesion の場合には専門職という意味が色濃い。

今日，これらのことばよりむしろ一般的に使われているのは occupation である。occupation は社会的分業における組織上の地位と役割を示す職業と解される。職業は社会的地位を規定する指標の一つとされるが，専門的職業のように，自らの専門性に基づいて社会的役割や職責を遂行し，それによって職業的存在証明に結びつけることができる。

職業の三要素を軸とした職業の含意には，職業は本来，他律的であることを示す。すなわち，個性（能力）を発揮し，利己心をも満足させ利益を得ようとすれば，他人のために貢献したり，仲間と協力し合ったり，顧客に満足してもらうことをしなければならないのである。そこに社会的使命感，職業倫理が育まれる。

ところが，こうした勤労の価値や規範に裏づけられた職業の意義は，技術進歩，豊かな社会の消費生活とコンサマトリー（享受的）な価値の広範な浸透，規格化・マニュアル化された労働や組織からの疎外などによって動揺し，職業的価値が失われつつある。そこで次にこうした問題を考察し，職業的自律の課題を探ってみることにする。

(2) 会社規範への動揺

かつて，ホワイト（W. H. Whyte）は，その著『オーガニゼーション・マン』（*Organization Man*）の中で，組織の巨大化・複雑化に伴って進展する現代産業社会の主体の問題について，全人格的に組織にコミットし，集団への同一化や帰属意識（group identification）への強い願望を抱く「組織人」の出現を

浮かびあがらせた。組織へのコミットの度合い（服従，同一視，内在化）ないし対応の差異こそあれ，巷間いわれる「会社人間」は，「オーガニゼーション」としての性格をもつとともに，リースマン（D. Riesman）のいう「他人志向型」，日本的特質としての「集団主義」や「甘えの構造」（土居健郎）などと溶け合いながら，「安心」という交換価値を享受してきた。

なるほど，企業内で施される技能・キャリア形成がひいては，労働者個々人の人間的成長と金銭的豊かさを実現するという，いわば企業と個人が一枚岩であった時代には，会社組織の規範が内面化され，「実業」の観念とあいまった社会的使命感をもって仕事に励むことができた。また職位は，職務に規定された組織秩序への貢献のメルクマールであり，同時に社会的威信尺度の反映として機能し，それによってもモラールも強く喚起しえた。仕事への満足感や達成感は，会社組織への一体感を促す中で感得できたのである。たとえ擬制的であったにせよ，共同体的装いが施され，組織と個人の目標および価値が，OJTを通じた「内部昇進モデル」をつくりあげて統合され，年功的労使関係や終身雇用制に裏うちされる企業一家的「集団主義」を醸造してきた。

しかし本質的に「会社人間」は，官僚制組織とその論理に従属を余儀なくされ，組織全体の利益を煙幕として動員される側面を否定できない。個人の主体性や職業的自律を衰退しかねない。それは (a) リストラにからむ雇用不安，(b) 自己責任が強調される業績主義な賃金管理，(c) 個人生活を犠牲にする「会社中心主義」の弊害などが露呈されるにおよんで，会社組織の規範的価値に比重をおくサラリーマン人生のあり様を根底から揺さぶりはじめた。

直言すれば，ききわけのよい"子飼い社員"としての役割期待を振る舞い，日本的雇用システムの均衡維持に貢献してきた労働主体は，リストラ——業種・業態の再編成というよりむしろ株主優先の資本効率の収益率アップ，並びに組織の生き残りにすりかえられた——を契機に，滅私奉公を思わせる会社組織への貢献が，真に働きがいや自己の成長に結実するものであったのかを問わずにいられなくなったのである。

一方，高度に発達した分業体系あるいは複雑な管理機構において労働が物象化される実態も直視しなければならない。すなわち，標準化・マニュアル化された作業・労働姿態は，管理社会化とともに歯車感・閉塞感・焦燥感などを蔓延させ，働きがいの喪失をますます広範に現象させつつある。比較的容易に得られるようになった賃金収入，豊かな消費生活とひきかえに，労働の手段的価値を前進させ，労働が苦痛（travile）であるとの印象を色濃くする。そのような事態に克服するために，またアイデンティティの希求に連なる問題として，勤労の意義や職業的エートスが改めて重要視されなければならない。

(3) 「仕事意識」の契機と課題

アイデンティティの希求は，組織への帰属やモラールそのものによってではなく，個性・能力の発揮による達成感や自発的動機づけ，仕事または職業を結節点として自己の存在意義をどう具現するかを主題としよう。それは一つの仕事ないしこれに関連した仕事を長く続け，習熟・精通することによって，仕事それ自体にロイヤリティーをもつ仕事意識の形成を前提とする。応用可能な奥行きと広がりをもつ「幅広い専門性」（小池和男『大卒ホワイトカラーの人材開発』東洋経済新報社　1991年）や「ジョブ・エンリッチメント」の価値・効用もそこに見い出せよう。また昨今の専門職志向の高まりは，専門的能力の向上，キャリア形成によって自己の存在意義・生きがいを求める意識と無縁ではない。

自己の存在意義を仕事ないし職業によって確認するのが「仕事意識」，あるいは「職業意識」であるなら，それは「自己の作品（生産物）に対する創造的価値への主体的取組み」（A. トゥレーヌ著，寿里茂訳『脱工業化社会』）を本義とし，自己の人格的昂揚は仕事が個人に体化することから発現するはずである。自らの意思で判断し行動する職業的自律の基底がそこにあると考える。

しかしながら「仕事意識」に基づく職業活動は，ⓐ 他者や組織との関係

性・相互作用を抜きにしては成立しない。職業活動は複雑に専門分化している現代社会の中で，組織の内外からさまざまな制約を受けながら営まれるのである。だからといって，協調性を重んじるあまり，他者や組織の論理・要求に迎合・同調するだけでは，自己の存在意義を見失ってしまう。のみならず依然として重くのしかかる生計維持は，生産手段をもたないサラリーマンにとって，自らの言動が職位・分限にからむインパーソナルな規律に拘束される。

ⓑ 他方，社会に対する職業的有用性の配分が，先の「安心」という暗黙の社会的契約による交換価値に基づくのではなく，市場によって決定づけられる傾向が強まりつつある。市場的価値の前進は新たなる可能性へのチャンスであり，実力・成果に対する正当な評価ととらえられなくもない。だがそれは，「強い個人主義」に立脚した競争社会の勝者の論理という一面があることを否定できない。

こうしたコンテキストでとらえてくると，強まる他者との相互依存関係の中で，個人が組織とどう向き合い，職業の市場的価値を折り込みながら，いかに仕事意識が自己表現への契機を促すかが問われてくる。職業的自律をめぐるあり方は，まさにこの難題を含意とするのである。

したがって問題の所在は，職業的自律の復権への志向性にあり，「仕事意識・職業意識」を主軸にした「職の実体化」の実現に向けられよう。いいかえれば「職」の確立を橋渡しとして，労働主体が組織や他者にどう貢献し，どのように社会的役割を担いうるのか。そして「組織人モデル」を超えた企業社会の「新しい職業人モデル」をどう確立し，そのために何が重要なのかを問うていかなくてはならない。

参考文献

知識社会およびITの進展にかかわる経済社会の影響・変化については，3冊をあげておこう。ダニエル・ベル（D. Bell）山崎正和・林雄一郎ほか訳『知識社会の衝撃』TBSブリタニカ　1995年。米国商務省リポート　室田泰弘訳『デジタ

ル・エコノミーⅡ』東洋経済新報社　1999年。ドン・タプスコット（D. Tapscott）野村総合研究所訳『デジタル・エコノミー』野村総合研究所　1996年。

　サービス経済化におけるサービス労働の意味をしめしたものとして，尾形隆彰「サービス経済化とサービス労働」青井和夫監修／石川晃弘編『産業社会学』サイエンス社　1988年がある。また，サービス産業における多様な就業・雇用形態を事例を盛り込んで実態と課題を明らかにした日本労働協会編，松島静雄・桑原靖夫他『サービス経済化と新たな就業形態』日本労働協会（現，日本労働研究機構）1987年も参考となろう。

　コンティンジェント・ワーカーに関しては，古郡鞆子『働くことの経済学』（有斐閣ブックス）1998年がある。

　社会学では人の職業を階層の指標とみなし，世代間の職業移動を社会移動としてとらえるが，本章で扱わなかった職業と階層分化を，学歴社会や職業的キャリアにからめながら新しい階層社会のゆくえを探ることができるものとして原純輔・盛山和夫『社会階層――豊かさの中の不平等』東京大学出版会　1999年を一例として掲げておく。

　日本の企業中心社会が作り出すさまざまな問題をジェンダー関係から検討したものに大沢真理『企業中心社会を超えて』時事通信社　1993年がある。また労働雇用職業総合研究所（現，日本労働研究機構）『女子労働の新時代』東京大学出版会　1987年も女性の就労をめぐる課題や方向に示唆を与えてくれる。

　尾高邦雄『職業の倫理』中央公論社　1970年は職業を考える際の必読書だが，寿里茂『職業と社会』学文社　1993年では，職業世界の枠組みや社会構造とのかかわりで職業が考察されてある。

　本章では仕事意識による職業的自律を考えているが，組織とのかかわりにおいてむしろその意義を説いた田尾雅夫『会社人間はどこへいく』中央公論社　1998年も併せて参照されたい。

第8章　企業と社会

8-1　企業と社会

(1) 産業社会から脱工業社会へ

　古代から近代に至る社会の発展段階の説明概念としてK. マルクスの社会発展段階説はソ連崩壊まで説得力をもっていた。マルクスの史的唯物論に基づく社会発展段階説は原始共産社会→古代奴隷社会→中世封建社会→近代資本主義社会→社会主義社会という図式である。マルクスが描いたポスト資本主義社会は，社会主義という労働者が主役の無階級社会で，資本主義とは異なった社会体制を描いた。

　ロストウ（W. W. Rostow）はそれに異議を唱え，経済成長を通して超体制的な産業社会の変化を把えた。彼の著書の『経済成長の諸段階』（1960年）の副題に「非共産党宣言」と銘打っていることもマルクスを意識していることは明白である。彼は産業化の発展段階を伝統的社会から離陸するための先行条件期から始まって，成熟への前進期を経て成熟期に至る過程を中心に論じた。1920年代に入るとアメリカでは基礎的な衣食住を越える消費を自由に行うようになって大衆消費時代が到来する。

　この大衆消費社会は大量生産・大量販売の体制が確立することによって可能となる。第二次世界大戦によって中断するが，第二次世界大戦後にアメリカに続いて西欧諸国でも大衆消費時代が訪れる。日本では1960年後半の高度成長期に大量生産・大量販売の体制が確立し，大衆消費社会が到来する。3種の神器（テレビ，洗濯機，冷蔵庫）や3C（カラーテレビ，クーラー，自動車）など物質的豊かさを象徴する電化製品や生活用具が消費生活の必需品としてもて

はやされた時代である。

　この時代はモノが中心であったため，モノの量や種類の多いことが豊かさの指標となった。それゆえ，大衆消費社会とともに高度産業社会という言葉が使われることも少なくなかった。しかし，人びとが物質的豊かさを享受するにしたがって，欲求は肥大化するとともに多様化する。

　所得の増加に伴う生活水準の上昇は，欲求充足の対象がモノだけでなく，非経済的なサービスに向けられていく。サービスはそれを享受する側の受け手が価値を付与することによって意味をもつ。GDP（国内総生産）の増加に伴う国民所得の上昇は，経済のサービス化を促すようになる。他方，コンピュータや関連機器の発達やそれらの利用の広がりによる情報化の進展はサービス化を一層推し進めることになる。サービス化，情報化などの言葉がもてはやされるのはこのような理由からである。

　経済のサービス化や情報化は，高度産業社会や高度消費社会と呼ばれた時点より指摘されてきたことである。ベル（D. Bell）は1970年代初頭に，すでに『脱工業社会の到来』(1973)（上下2巻，ダイヤモンド社，1975年）で予言している。

　ベルは，社会を以下の三つの領域に分けて考え，脱工業化社会の概念は，1）の変化であるという。

　　1）経済的・技術的・職業的制度を含む〈社会構造〉
　　2）社会における権力の競争を調整する〈政治〉
　　3）シンボリズムと価値にかかわる領域である〈文化〉

　これらは，おのおの異なる軸の原則に従い，しばしば相互に衝突し合う。第1の社会構造は効率と機能的合理性の原則に従うが，第2の領域は権力の闘争を調整する政治の領域であり，第3の文化の領域は，メリットクラシーと平等の対立，文化と科学における人間の意識の対立などが主要な問題となる。

　このような意味から，彼は社会が工業生産中心の経済からサービス経済へと変化しつつあることを指摘する。そして財からサービスへ転換するにつれて労

働力配分にも大きな変化が生じ，専門的技術的職業従事者の果たす役割の重要性を強調する。ここで重要なことは政策の決定において理論的科学的知識が重要になるということである。このような理論的科学的知識が重視されるようになれば，これまでの企業家や経営者以外に科学者，技術者，各種専門家達が企業にとって必要不可欠な存在となる。

全体社会レベルでは社会各層の利害の対立が強まり，意思決定は政治的なものにならざるをえない。政治や行政による全体の調整が必要になる。政治的意識への高まりは平等と参加への要求を強める反面，専門家たちの知識への需要を増大させる。このことは公正と効率の間の不調和を発生させ，その調整に政治の果たす役割が大きくなる。

脱工業化社会という術語は産業社会あるいは工業化社会の次に到来する社会を表現するために使われた言葉である。脱工業化社会はサービス化とともに情報化の進展がみられる社会であり，情報化に力点をおいてみるならば情報化社会ということになる。

情報化社会とは情報に価値が付与されていることを意味している。工業化社会にあってはモノに価値があったが，情報化社会にあってはモノよりはモノを利用する技術が重視されるようになった。モノのうち，コンピュータや関連機器の利用を情報技術（Information Technology—IT）と呼んでいる。この情報技術は企業における新製品開発，生産，販売をはじめ生活場面に至るまで革新するうえで必要不可欠なものとなった。

(2) 知識社会と情報技術

以上のことからわかるように，情報技術という言葉は狭義のコンピュータ技術だけではなく，コンピュータや関連機器を利用して経営や生活を革新する知識や技術を指している。新しい知識や技術を活用することによって経営や生活に革新をもたらす社会を称して知識社会と呼ぶのがドラッカー（P. F. Drucker）である。

ドラッカーは知識社会の到来について『未来企業』(1992年)で述べている。この本の中で知識集約的労働への移行を指摘している。そして知識社会を論じた著作として翌年『ポスト資本主義社会』(1993年)を公刊した。

この著書は「社会」「政治」「知識」の3部から成っていることからわかるように,知識社会では知識が重視され,伝統的な生産要素である土地(天然資源),労働,資本などは二義的な要素となることを強調する。ここでいう知識は社会的経済的成果を実現するための手段としての知識である。換言すれば,成果を生み出すために既存の知識をいかに有効に適用するかを知るための知識である——これをマネジメント革命という。ここでマネジメントと呼ぶのは企業のそれだけでなく,企業以外のすべての組織にあてはまるものである。知識が資源の中の一つではなく,その中核になったことを指して「ポスト資本主義社会」と呼んでいる。

ここでいう知識は一般的な知識ではなく専門的知識であり,体系化された専門知識を指している。このような専門的知識を組織の中で生かすことが求められる。個々の専門的知識が統合されてはじめて成果を生むことになる。ここに組織の役割があり存在理由がある。それゆえ,現代の組織は知識専門家による組織であるところに大きな特徴がある。

ただ,ポスト資本主義社会としての知識社会における組織は,つねに革新を必要とすることから「創造的破壊」(シュンペーター)を伴う。このことは新しい科学や技術だけでなく,社会的革新(イノベーション)が新しい知識を生むことになる。この方が社会的インパクトが大きい。たとえば企業にとって銀行借入以外にコマーシャル・ペーパーによる借り入れが大きな比重を占めるようになって,銀行の社会的役割を大きく変える契機となったのは好例である。

知識社会化は従業員の性格を大きく変えていった。知識労働者は組織の中にあって従属的存在であるが,従来の労働者と異なって彼らは生産手段すなわち知識を所有している点が決定的に異なる。全雇用者に占める知識労働者の比率を高めている。

現代では資本家の性格も大きく変えた。ドラッカーが指摘している中で，アメリカで生産手段を所有している資本家は誰かという問題提起がある。それは年金基金に働く従業員（管理者）である。彼らは莫大な年金基金の運用を委託され，有力な機関投資家として多くの企業に投資している。これは企業の統治にもかかわる存在である。

　知識社会では知識労働者とサービス労働者が中心的な存在として位置づけられ，両者の対立，抗争の危険がないわけではない。知識社会ではサービス労働の生産性向上が社会的経済的に最優先の課題となる。

　知識社会における知識は生産やサービスだけでなく，開発やイノベーション（革新）のための知識も含まれる。先述の情報技術は好例である。これまで日本では生産上の技術が優位を占めていたが，現在，情報技術を軸に経営革新を展開している最中である。それは単に個別企業レベルにとどまらず，市場や政治のあり方にかかわる問題でもある。

(3)　資本主義の諸相と日本の企業社会

　市場原理を基軸にした自由競争は資本主義社会の基本であるが，その態様は資本主義国の国情によって異なる。経営システムや雇用システムが国によって異なるのは好例である。そうはいっても，現在のように企業活動がグローバル化すればするほど収斂する側面も少なくない。いわゆるグローバルスタンダードが問題になるのはこのことの反映である。ただ，現在，経済についてのグローバルスタンダードの多くはアメリカでのスタンダードを中心に論じられている。

　経済だけでなく政治においてもアメリカの世界的影響力が強いため，ややもするとアメリカにおいて標準（一般的）と考えられ，行われていることが，他国でも標準とみなされることも少なくない。従来，日本とアメリカでは同じ資本主義国でありながら，種々の面にわたって大きく異なっていた。

　たとえば，日米間の経営スタイルの相異についてみてみよう。最近までの日

本は産業界が政府の規制のもとで手厚い保護を受けていることを評して社会主義国の企業経営と同一にみられてきた。そして大企業は系列や下請などの企業集団の頂点に君臨し，従業員の雇用，生活を守ることに努めてきた。アメリカが市場原理の徹底を図れば図るほど日米間の経営スタイルの相異が顕著となり両者が反対の極に位置するかのようなありさまになった。

　しかし，遅まきながら日本も政府による規制緩和が進み，護送船団方式が解かれることによってグローバルな企業競争下にさらされるようになった。そうなれば経営スタイルにおいて資本の論理を貫く傾向を強めざるをえなくなる。近年のリストラの嵐はこのような情況を反映したものである。すなわち，利益志向の強化は雇用，設備の削減や持株の売却などによってスリム化を推進する。これと連動して系列企業を手放したり，賃金・人事制度を大幅に改革し，終身雇用や年功主義から脱却して能力主義を強める企業が増加した。これらの動きから日本もアメリカ式の経営スタイルに近似してきたかのように喧伝されている。

　現在，日本ではバブル崩壊後の経済，企業の再生に手間取っているが，その過程にあってアメリカを中心に情報技術革新が経済を変えていった。このため日本では経済，企業の再生と情報技術革新による市場や経営システムの変革とを同時並行的に進めていかなければならなくなった。前者はリストラの負の側面としての雇用，設備などの削減であり，後者は情報技術革新に伴う経営革新の実現である。このことは規制緩和だけでなく，従来からの慣行の変革をも迫ることから，既得権益を侵害することも多く，関係者の利害対立が生じることになる。

　情報技術革新は上記のような知識を基礎にし，それを利用することによって利益をもたらすものである。情報技術は情報費用や取引費用を大幅に低下させるため，製品や部品を自社製造したり，系列内で調達するのがベストとは限らない。このことは企業の内と外の壁を低くするため，個別企業の枠を越えてアウトソーシングや企業間の提携を活発にする。このことが雇用や組織のあり方

にも影響する。

　生産技術において優位にあった日本が，情報技術が席巻するようになって，企業再構築を迫られ鋭意経営革新を展開している最中にある。このことは新製品開発，製造，販売の経営全般にわたる問題であるとともに，個別企業の枠を越えて取引先企業から消費者をも視野に入れて経営活動を見直していかなければならなくなってきた。

　これと並行して規制緩和が進み，先進国でも通用する企業活動を展開せざるをえなくなってきた。

　人材の流動性からみて，日本の労働市場が流動化してフローか支配的となるわけではない。アメリカで雇用維持を重視する企業がみられるように，日本でもフロー型，ストック型，中間型など種々の雇用の型の企業がみられるようになるだろう。問題は，その中にあってストック型と呼ぶ雇用維持を重視する企業が尊重されることにかわりはないだろう。この種の企業がどの程度みられ，どのような経営スタイルであるかが問題となろう。

8－2　企業の社会的責任

　企業の社会的責任は，次の三つに大別される。

　第1は，産業公害の防止はいうに及ばず，企業の環境保全への取り組みが強く求められるようになってきたことである。環境保全という概念は製造業だけでなく販売，飲食やサービス業を含む全産業に及ぶものである。

　第2は，社会的貢献と呼ばれる企業活動である。企業が社会的公器として利益の社会的還元を求められるのは今に始まったことではない。しかし，企業の社会的貢献へのニーズが強まり，これに応えることが企業の社会的責務であるという考え方が強まってきた。

　第3は，企業倫理にかかわる問題である。バブル崩壊後，汚職，不正融資，総会屋への利益供与などさまざまなスキャンダルが明るみに出た。企業のモラ

ルや倫理が問われているが，これはコーポレート・ガバナンス（Corporate Governance―企業統治）にかかわる問題でもある。

(1) 企業公害防止から環境保全へ

　高度成長後半期に各地で企業公害が発生し社会問題化した。水俣病はその典型的なケースである。企業公害は工場から発生する廃液や排煙などによって人体に生理的肉体的被害を及ぼす現象を指す。企業公害による被害が広まるにつれて企業の責任を問う世論が強まっていった。第二次大戦後，企業公害は産業公害と呼ばれ，企業の社会的責任が問われた最初の出来事であった。

　企業公害というとき，水俣病の発生源であるチッソ水俣工場の廃液に含まれる有機水銀による中毒であるというように原因者が特定できるものばかりでない。四日市公害のようにコンビナートにおける大気汚染のケースは原因者が複数の企業の場合もある。

　環境破壊は企業公害にとどまらない。人びとが豊かになって生活水準が上昇するにつれて「生活公害」と呼ばれる環境破壊が生じるようになる。自動車の走行による騒音や大気汚染，冷暖房機器の使用による大気汚染，生活排水による河川，湖水，海の汚染などが好例である。

　一連の公害発生によって公害対策基本法（1967年），大気汚染防止法（1968年），自然環境保全法（1972年）などの対策が次々と打ち出された。公害問題の深刻化はそれまでの経済成長中心主義への反省を迫り，生活環境改善の必要性を認識させる契機となった。

　しかし，一方で環境破壊は地球規模で進行し，二酸化炭素による地球温暖化，フロンガスの発生によるオゾン破壊やダイオキシンなどが大きな問題となってきた。この問題に関連して環境保全とともに資源有効活用の観点からも廃棄物のリサイクルに強い関心がもたれるようになった。

　このような観点から，1991年に再生資源の利用に関するいわゆる「リサイクル法」が公布された。そしてリサイクル推進を図る制度として2000年4月

より「容器包装リサイクル法」が，2001年4月から「家電リサイクル法」がそれぞれ施行され，再資源化のための費用を負担する事業者が大企業だけでなく，容器，包装など関連の中小企業にも適用されることになる。

　2001年4月より施行されるリサイクル法はテレビ，冷蔵庫，エアコン，洗濯機の4製品に対してメーカーにリサイクルを義務づける。鉄，アルミ，銅，ガラスなど再利用可能な資源の回収が見込まれている。また，2000年4月より全面施行される「容器包装リサイクル法」はこれまでのガラス製容器やペットボトルに加えて，紙製やプラスチック製の容器や包装も対象となり，容器メーカーと中身を生産するメーカーが一定割合で再商品化のための費用を負担する。ペットボトルとガラスビンはすでに1997年4月よりリサイクルが義務づけられている。

　リサイクル法の施行によって，企業は商品の回収や再商品化を自治体とともに義務づけられ，経済的負担を強いられることになる。さらに，環境破壊への世論の圧力が厳しくなるに従い，一方で環境にやさしい製品開発を積極的に進めざるをえなくなる。そして他方で，資源の再利用や活用の観点から，再生技術や用途開拓を進めることによって，経営安定へ寄与する。このように，企業の社会的責任は，環境変化に対する応分の負担を求めるものであるが，新しい技術や商品の開発，用途開拓によってコスト増を吸収することが求められている。欧米に比較して日本では企業への応分の負担が不十分といわれているが，この問題は政府，自治体，企業，消費者の四者の役割分担をどのように考え，義務づけるかということを問いかけている。

(2) 企業の社会的貢献

　社会的公器としての企業は，従来，雇用増進や良質廉価な商品，サービスの提供や利益の増加による多額納税などを通じて社会的に貢献していると考えられてきた。しかし，現在，この種の考え方はさらに発展して，企業の社会的貢献活動をも求められるようになった。

第8章 企業と社会　179

　ここで社会的貢献活動と呼ぶものは学術，教育，福祉，芸術文化，スポーツ，国際協力，環境保全など社会の諸分野に対して企業や財団が寄付したり，企業独自のプログラムによって社会支援活動を行うことをいう。欧米では，フィランソロピー（Philansolopy）やメセナ（Mécénat）などの言葉が使われてきた。フィランソロピーとはもともと，アメリカで弱者の救済，学術研究，芸術文化の支援のための寄付行為やボランティア活動などを指し，メセナはフランスで主に芸術文化の支援を指す言葉として使われてきた。ここでの社会貢献活動は前者の意味に近い。

　第二次大戦前，日本でも創業者やその子どもたちの手によって教育，芸術，学術などの分野で経営者個人の寄付によって社会貢献活動を行ってきた人びとがいる。倉敷紡績を親から引き継ぎ，クラレの創業者である大原孫三郎の手になる大原美術館（岡山県倉敷市），大原社会問題研究所（法政大学）や労働科学研究所など。ブリヂストンタイヤの創立者である石橋正二郎のブリヂストン美術館。明治時代の首相の松方正義の子どもで川崎重工の初代社長の松方幸次郎が収集した松方コレクション（国立西洋美術館所蔵）と呼ばれる美術品の数々。大成建設をはじめ多くの事業を手がけた大倉喜八郎の寄付による大倉高等商業学校（現東京経済大学）などはその一例である。

　第二次大戦後，松下電器の松下幸之助による松下政経塾の設立のように創業者の寄付によるものもみられたが，大半は法人としての企業の寄付によるか，企業が設立した財団（たとえば，トヨタ財団）によるものが多くみられた。これはアメリカで採用された方法をモデルにした面もあるが，税制上の問題も関係しているものと思われる。

　アメリカでは社会的成功を収めて巨万の富を築いた人が，富を社会に還元するため財団を設立して社会貢献活動を行うのが主流である（たとえば，フォード財団）。その他に企業が拠出して財団を設立するケースもみられる。第二次大戦後，日本ではアメリカの影響を受け，企業の社会的責任の一環として導入され，普及してきた。

図表 8 — 1　社会貢献活動支出額

億円

	91年度 (350社)	92年度 (381社)	93年度 (369社)	94年度 (404社)	95年度 (367社)	96年度 (405社)	97年度 (376社)
合計額	1,838億円	1,670億円	1,494億円	1,542億円	1,454億円	1,620億円	1,557億円
1社平均	5億2,500万円	4億3,800万円	4億500万円	3億8,200万円	3億9,600万円	4億円	4億1,400万円
対前年	19.9%増	16.6%減	7.5%減	5.7%減	3.8%増	1.0%増	3.5%増

うち1%クラブ法人会員

	91年度 (152社)	92年度 (194社)	93年度 (183社)	94年度 (211社)	95年度 (183社)	96年度 (188社)	97年度 (185社)
合計額	1,427億円	1,405億円	1,240億円	1,257億円	1,153億円	1,272億円	1,294億円
1社平均	9億3,900万円	7億2,400万円	6億7,800万円	5億9,600万円	6億3,000万円	6億7,700万円	6億9,900万円
対前年	21.6%増	22.9%減	6.4%減	12.1%減	5.7%増	7.5%増	3.2%増

注）社会貢献活動支出額とは寄付金と社会貢献を目的とした自主プログラムに関する支出額の合計
経済団体連合会編『社会貢献白書1999』日刊工業新聞社　平成11年7月

　経団連（経済団体連合会）に企業の経常利益の1％を寄付する「1％クラブ」という会員組織がある。この「1％クラブ」は1990年11月に経団連会員企業を対象に正式に発足した。この組織は法人と個人の会員の両者で構成していて，1999年6月現在，法人会員282社，個人会員1,340人である。ここ数年とくに個人会員が増加している。法人会員は毎年1回，寄付額，寄付先や活動事例などについて報告を求められる。1％クラブの会員は福祉，教育，芸術，文化，スポーツ，環境保全，学術研究などに金銭を拠出するだけでなく，時間やサービスをも社会に提供するよう努める紳士協定に基づいて活動している。1％法人会員についていえば，社会貢献活動への1社平均支出額はバブル期の1991年度の9億3,900万円とこの数年間でもっとも高かった。その後低下したが，1995年度より徐々に回復して1997年度は6億9,900万円でピーク時の約7割である。一社当りの金額の減少とともに一件当りの助成額も減少し

ているため，助成を受ける例は多くの企業に援助をえる必要が生じている。

　支出の内訳は3分の2が寄付金で，残りの3分の1は企業が独自で進めているプログラムによる支出である。寄付金の分野別支出で1997年度では学術研究（17.6％），教育（14.3％），地域社会活動（13％），社会福祉（8.9％），芸術文化（8.3％），スポーツ（8.1％），国際交流・国際協力（5.9％），健康・医学（5.3％），環境保全（5.0％）となっている。徐々に独自のプログラムの支出の比重が大きくなっているが，独自プログラムでは芸術文化，地域社会の活動，社会福祉への支出が多い。寄付金の提供先として諸団体だけでなくNGO（非政府組織）やNPO（非営利組織）なども含まれている（経団連『社会貢献白書1999』日刊工業新聞社）。

　営利を求めないで何らかの公共的活動を行っている民間組織を非営利組織（NPO）と呼んでいる。元来，この中には学校法人，医療法人，福祉法人なども含まれるが，近年，草の根の非営利組織が増えるに従い，前記の法人は除いて指すようになった。さらに，NPOのうち，国際協力や国際交流など国際的な活動組織は，政府から独立した存在として強調する意味で非政府組織（NGO）と呼ぶようになった。非営利組織への参加はボランティア活動を意味するから，一般のボランティア活動についてみるとき非営利組織を抜きには語れない。

(3)　コーポレート・ガバナンスと企業倫理

　コーポレート・ガバナンス（corporate governance）は企業統治と邦訳される。現在，企業統治が問題になるのは，株主から経営を委託された経営執行部が，内外の利害関係者との良好な関係を維持しながら業績の向上を果たすことを強く求められているからである。ここでの大きなポイントは企業内外の関係者との良好な関係の維持にある。企業内外の関係者とは，株主，従業員，労働組合，金融機関，消費者，取引先，コミュニティ，行政機関などをいう。これらの利害関係者はステークホルダー（stake holders）と呼ばれている。企業

統治は企業の社会的責任を考える上で欠かせない問題がある。

現在，日本でコーポレート・ガバナンスが問題になっているのは，一つはバブル崩壊後，不正取引，不正融資，総会屋への利益供与などのさまざまなスキャンダルが明るみに出てトップの責任や企業倫理が問われるようになったためである。今一つは，バブル崩壊後，企業再構築としてのリストラが声高に叫ばれながら十分でないことから経営トップの経営能力が問われているためである。

この点については，トップの経営責任の明確化と企業倫理の強化が問題になる。前者はトップマネジメントのあり方に関連し，後者は企業の行動規範や倫理綱領の明文化に関係する。

日本のトップマネジメントは社長から取締役に至るまで，多くの企業では社員の企業内昇進の一環として大半のポストを占めてきた。とくに大企業では取締役数が多くなって取締役会が形骸化し，機能不全に陥った。そして会長，社長を中心とした一部のトップによって経営が運営され，チェック機能が十分に作用しなかった。このため近年，商法上の取締役とは別に株主代表訴訟の対象にならず日常業務の執行に専念できる「執行役員」の制度を導入する企業が増加した。執行役員を導入した企業では取締役数は半減し，取締役会をスリム化し，意思決定のスピードアップを図ることに狙いがある。

取締役は商法上「会社の重要な業務執行を決定する」ことから，本来の経営戦略の決定に専念するため少人数であることが効果的である。しかし，近年コーポレート・ガバナンスの議論の中で重要性が高まっているのが効率的経営のチェックを取締役会に期待していることである。効率的経営をチェックするためアメリカでは日本の代表取締役に当るCEO（Chief Executive Officer—最高経営責任者）の実績を評価し，株主の声を反映させるため社外取締役が過半数を占めている。日本でも社外取締役の導入が声高に叫ばれていることもあって，近年，導入する企業もみられるようになった。

取締役会は本来，意思決定機能とともに経営陣の経営・業務の妥当性を評

価，チェックするという二つの機能をもっている。アメリカでは取締役会を後者に特化しているが，日本ではどのようにしたらよいかが問題となっている。

汚職事件が多発して企業モラルの低下が指摘され，企業倫理を見直す動きが活発化している。日本では経営理念を倫理綱領とみなしている企業が多いが，経営理念自体が抽象的に述べられていることが多い。それに対して，アメリカの多くの企業では行動規範を具体的な形で述べている。接待などのほか公共活動や政治活動への参加など具体的に細かく触れているものが多い。法律順守が大原則であり，法に違反すれば罰せられる。

日本では経営理念が行動規範のよりどころとみなされているから，経営理念を従業員に浸透させることに努力を払うことになる。しかし，経営理念でうたわれている文言は抽象的であるため，従業員の受けとめ方にバラツキが生じるのは避けられない。日本の企業にあって企業倫理に手をこまねいているわけでなく，何らの対策を講じる必要性を感じ，経営理念を具体的に明示する方向で検討している企業もみられるようになった。

しかし，多くの企業は，社内チェック体制の強化策として，法務部など内部チェック部門や監査役会の強化などをあげている企業が多い。企業倫理にあって重要なことは汚職や不正取引など法律に違反するものが出ないよう予防することである。

しかし，日本では依然として会社のためにした行為が万一，法律に反することがあっても社内的には生がないという価値観を許容する風土が残存する。このような風土がある限り，社内的規則があっても有効に機能しないと思われる。

8-3 企業と地域社会

(1) 産業政策と地域開発

日本で「企業と地域社会」について考察するとき，明治以降の工業化の歴史

の過程で政府の産業政策が地域開発との関連でどのように展開されてきたかを概観する必要があろう。ここでは工業を中心にみることにする。

　第二次大戦前にあっては京浜地区，中京地区，阪神地区，北九州地区を中心とした太平洋ベルト地帯が日本の代表的な工業地帯であった。これらの地区の大半は明治に入ってからの埋立地で大都市近郊に複数の大工場が立地して生産活動を行ってきた。それは日本の工業化を推進する上で中核的な役割を果たしてきた。この他の地方でも財閥系企業や歴史の古い大企業の石炭，鉱山や大工場が散在し，地域社会に大きな影響力をもっていた。しかし，繊維，生活用品や食料品など中小の軽工業が地場産業として立地，集積し，地域社会と共存共栄を図ってきた地方が圧倒的に多かった。

　第二次大戦後，戦後の復興から立ち直り，大都市と地方との格差是正を図るため「全国総合開発計画（1962年）」によって均衡ある国土の展開が唱えられた。そしてその柱として新産業都市建設計画や臨海工業地帯開発計画などが打ち出され，工業分散化への基盤づくりが行われた。新産業都市として東北に郡山をはじめ五つの地区が指定され，太平洋ベルト地帯以外の地域にも工業化が拡大されるようになった。このことは臨海工業地帯でも同様のことがいえることであって，これを契機に高度成長期に全国各地に大工場中心の工業化を推し進めた。

　中小企業にあっては，中小企業近代化政策推進の一環として，中小企業の地域ぐるみ，業種ぐるみの集団化によって体質強化を図った。指定方式による構造改善事業が産地や地場ごとに中核的な中小企業育成を推進した。この時期，大都市では企業の立地規制の強化や公害防止の強化などによって小零細企業はその存立基盤が脅かされた。

　1975年以降，2度にわたる石油ショックにより，日本経済は高度成長から安定成長に転換した時代である。産業構造にも大きな変化がみられ，重厚長大型産業が慢性的不況に陥った。それに代わって技術集約型あるいは短小軽薄型産業が活況を呈するようになった。政府も新たな産業を育成するため1984年

にテクノポリス構想（15地域を指定）やニューメディアコミュニティ構想（8地域を指定）等の対策を打ち出した。

　この時期の政府の中小企業に対する基本的な考え方は，企業城下町やコンビナートなど大企業傘下の中小企業が，石油ショックによる大きな影響を受けたことをふまえて，地域における内発的な発展の牽引力となっている地場産業をはじめ，地域に根ざした中小企業の主体的活動を重視した。地場産業の活性化が問題になったのもこの時期である。

　1985年のプラザ合意（ドル高是正，円高の進行）を契機にバブル経済が始動し，内需拡大のため民活導入型の社会資本整備が大々的に展開された。この時期，総合保養地域整備法（リゾート法）やふるさと創生1億円事業等を契機に全国的に開発ブームが再燃した。この間，円高の進行によって輸出産業は海外に生産拠点を移す企業が増えた。このため，地域に分散した工場が海外に移転することで地域経済力の低下を招いた。中小企業の中にも海外へ工場を移転するところがあらわれた。

　この時期，銀行からの融資によって不動産投資に走った企業が多い。地方では多くのリゾート地が開発され，地域開発の特効薬のようにいわれた。第三次産業は労働集約型であるため雇用増をもたらし，全国的に労働力不足を招いた。しかし，バブル崩壊によってこのつけを負わされることになる。

　この時期，大都市にあって中小零細商工業の存立基盤である職住近接が地価高騰によって困難となったばかりでなく，事業主の高齢化と後継者難などもあって事業継続意欲の低下を招いた。このことは都市社会学においても大都市衰退化につながるインナーシティ問題として提起された。

　1992年の地価下落によりバブル経済は実質的に崩壊した。政府は1992年に「生活大国5ヵ年計画」，1993年には「13兆円の総合経済対策」を打ち出したが，地価，株価の下落の歯止めにならなかった。また，公共事業の非効率性が指摘され，不況が長期化した。銀行をはじめとする金融機関は一方でバブル期の不良債権の処理に追われ，他方で自己資本の充実を図るためいわゆる貸し渋

りが目につくようになり，企業に大きな影響を与えた。

　従来，日本では大都市圏と地方の格差，そして大企業と中小企業の格差が絶えず議論されてきた。地域開発もこの格差是正を旗印に展開されてきた。歴史的には一進一退を繰り返してきたきらいがあるが，情報技術の進展が目ざましい現在，業種，企業規模や立地を越えてビジネスの展開が可能となった。そのような情況で企業活動のあり方も変化せざるをえなくなるが，企業と地域社会との関係や地域間の経済的格差がどのように変わるだろうか。

(2) 企業城下町と地場産業

　企業と地域社会との関係を製造業を中心にみたとき，大別して二つのタイプが存在する。一つは地方の市や町に立地した大企業の工場が成長，発展し，地域社会を支配する企業城下町と呼ばれるタイプである。今一つは，特定地域にあって同種あるいは関係深い中小企業群が集積して立地する地域である。石川県輪島市（漆器）や福井県鯖江市（メガネ）などの地方都市に立地するタイプと東京の城東・城南地区のように大都市に中小の機械・精密工業が集積立地する両方のタイプがある。

　前者にあって特定の大企業の工場を頂点とし，地域内に子会社や下請企業を多く抱える企業城下町が典型的である。日立市（日立製作所）や豊田市（トヨタ自動車）などは好例である。しかし，このような形態でけでなく，複数の大企業の工場が一定地域に立地して地域社会に大きな影響力をもつ形態もある。岡山県水島，茨城県鹿島などのコンビナートが好例である。

　企業城下町と呼ばれる地域では，大企業の主力工場を頂点に地域社会に数多くの子会社や下請企業が散在し，それらの企業を底辺とするピラミッドを構成している。親会社の事業所が成長，発展するにしたがって，一つの市町村だけでなく周辺の市町村にも関連企業が立地することが少なくない。

　これまで自動車，電機，機械などの産業にあっては数多くの部品を子会社や下請企業に依存して企業成長を遂げてきた。親企業の成長，発展は子会社，下

請企業の成長，発展を促すことから，子会社や下請企業は親会社に対してますます依存度を高め，支配―従属関係を強めることになる。

　自動車，電機，機械などの産業はもともと労働集約産業であるため雇用吸収力が大きい。そのため誘致する自治体にとっては，地元住民の就職先を得る機会を拡げることになるし，さらには就業人口や居住者の増加に伴って地元での消費増加による商業の活性化など波及効果も期待できる。親企業の工場規模が拡大すればするほど種々の面で波及効果は大きくなるが，地域社会の政治，経済から文化に至るまで大きな影響を与えることにもなる。

　親企業が順調に成長，発展を遂げているときはよいが，不況が長期化したりあるいは構造変動による事業転換を余儀なくされ，大幅に規模を縮少したときは，地域社会に大きなダメージを与える。1990年代に入って構造変動により事業の転換，縮少を余儀なくされ，地域社会に大きなダメージを与えた。

　石油化学のコンビナートのように一定地域に複数の企業が集結している場合はどうであろうか。日本の代表的なコンビナートは水島（岡山県倉敷市），市原（千葉県），四日市（三重県），徳山（山口県），川崎（神奈川県）などであるが，川崎以外はコンビナートの誕生によって新たな産業都市が形成された。

　コンビナートは装置産業のため自動車や電機などと比較して雇用吸収力が弱いが，複数の大企業が進出することによってある程度の雇用や地元への経済的な波及効果があった。ただ，石油化学コンビナートでは，高度成長期に公害の発生によって地域住民への被害が大きな問題となった。熊本県の水俣病が典型的なケースである。

　高度成長期において地方の市や町にとって大企業の工場を誘致することは，地域社会の雇用の場の増加やインフラの整備など生活環境の改善の上で手っとり早い方策であった。そのため多くの自治体では大企業の工場の誘致に努めた。公害が社会問題になってからは自動車，電機，精密，コンピュータなど公害発生のリスクの少ない企業の誘致へと変わっていった。

　他方，中小企業群が一定地域に立地，集積する場合にいくつかの形態があ

る。伝統産業や地場産業などと呼ばれているものは、その中の代表的なものである。地場産業は次のような特性を備えている。

1) 特定の地域に古くから伝統のある産地であり、他の地域であまり産出しないその地域独自の特産品を生産している。
2) 特定の地域に同一業種の業者が企業集団を形成して集中立地している。
3) 生産, 販売が分業体制をとっている。
4) 市場を広く全国や海外に求めて製品を販売している（山崎充『日本の地場産業』ダイヤモンド社、1977年）。

伝統産業と呼ばれるものは、この中の1) 2) を中心にしたもので歴史が古く、地域独自性とともに文化的芸術的性格の強いものを指している。しかし、地場産業の中には需要の減少によって他の製品に転換するケースも少なくない。

地場産業が当該地域の主要な経済の担い手であることはいうまでもないが、それだけにとどまらない。技能, 技術の伝承を通じて人材育成の場であるとともに、生産物が単なる商品としてだけでなく、文化的価値をもつことによって地域内の他産業と有機的関連性をもつことになり、地域活性化の起爆剤となりうる。伝統産業はこの典型である。

大企業の下請企業というとき、自動車や電機, 精密機械などの産業にあっては重層化されている。いわゆる一次, 二次, 三次というように幾重にも垂直的に序列化されている。そのため部品納入先の企業に近い所に立地している方が利便性が高い。たとえば豊田市や日立市の市内だけでなくその近郊に多くの下請企業が散在するのはこのような理由からである。

他方、東京の城南・城東地区のような大都市にも中小企業が集積している地区があることは前述した。これらの地区では中小零細企業群が分業構造になっていて、全体として優れた効率性を生み、地域の町づくりにも寄与している。

近年、親企業のグローバル戦略の一環から内製強化、下請の選別・集約などが進み、技術力の向上や製品の特化を促していかないと厳しい競争から脱落す

ることもあって危機感を抱いている。

(3) 都市の再開発と商業

　高度成長前半期の1960年年代半ばまで大型店は百貨店が主でそれも都心部や副都心に立地していた。そして永年にわたり地元の商店と共存共栄を図ってきた。しかし，高度成長期に入って都市化が急速に進んだ。とくに東京，大阪のような大都市では都市化の進展は顕著であった。

　この時代，大量生産による大量販売の旗手としてスーパーが登場し，大都市郊外や衛星都市に百貨店とともに積極的に進出するようになった。さらに都市の再開発が活発化するにつれて主要駅前などでその中核に百貨店や大型スーパーが進出することが多くなった。このような大型店の進出は大型店と地元小売店との間に緊張，対立関係を生じ，紛争になることが少なくなかった。

　従来，進出の大型店と地元小売店との利害調整は大規模小売店舗法（大店法）に基づいて行われてきた。しかし，この問題は両者の関係にとどまらず，交通渋滞やゴミ問題など地域の環境が絶えず問題にされてきた。このような経緯から2000年6月から「大規模小売店舗立地法」（大店立地法）が施行され，大型店の進出に際して騒音などの環境基準で審査することになった。また，30年ぶりに都市郊外での開発規制を盛り込んだ都市計画法の改正を行って大型店の出店調整の仕組みが大きく変わることになる。大店立地法によると，大型店の出店審査は都道府県や政令都市が主体的に行うことになり，審査の対象は駐車場，騒音，廃棄物，町づくりとの関連など多岐にわたっている。

　大店立地法の対象となる大型店は売り場面積が1,000平方メートル以上の店舗であるが，近年，500〜1,000平方メートル以下の売り場面積の店舗の中で出店や営業に際して地元住民との間で摩擦や紛争が頻発している。これらの店舗は安売りをセールスポイントにするだけでなく，住宅地で深夜営業を行うため，生活環境を守る立場から地域住民との間で紛争が起こることがある。この種の紛争に対処するため条例などの整備を検討している自治体もある。

現在，零細小売業の商店の数が減少傾向にある。商店街で閉鎖する小売店も少なくなく，商店街が衰退の一途をたどっている地域もある。商店街は地域の顔であるから，商店街の衰退は地域にとって大きな問題となる。それゆえ，商店街の活性化は緊急の課題となっている。このことは商業分野における規制緩和や構造改革などによって，小売店も事業転換や経営革新の必要性を強く迫っていることの端的なあらわれである。

　小売店の転廃業の増加は，大型スーパーなどの量販店や安売店の出店によって販売不振に陥るためである。近年，コンビニエンスストア（コンビニ）の出店攻勢によって，近隣の小売店で転廃を迫られている。酒店や米店がコンビニに転換するケースは好例である。

　零細小売店にあって店主の子どもが後を継がない店が多い。店主が高齢になればなるほど子どもに後を託す気持ちが強くなるが，子ども自身が店に魅力をもたず，後を継ぐ気がなければ店の転廃を考えざるをえなくなる。

　商店は顧客に対して単に物品を販売するだけでなく，常連客との頻繁な接触を通じて人間関係を形成することになる。このような事情から，商店では子から子へと受け継いでいくことによって顧客の確保，維持に努めてきた。主婦がパートなどで勤めに出るようになり，退社後，駅前のスーパーで買物をすることが多くなれば，地元の商店街はさびれてしまう。商店街の衰退は単に売り上げの減少や店の転廃にとどまらず，近隣の人間関係の稀薄化をもたらす。

　上述からもわかるように，商店街の零細小売店は単に物品の販売やサービスの提供だけでなく，地域の人間関係を形成する上でも大きな役割を果たしてきた。新しい町づくりを進めるとき，商店街は組織化されていることもあって大きな発言力をもつ。現在のように大型店，量販店や安売り店などとの競合が激しくなればなるほど，一段と危機感を強めることになる。危機感を強く抱くようになれば，町づくりを進めるにあたって行政に対し，自らの利害を強く訴えるようになる。このようなことから，行政当局が専門家の助言を得ながら，住民参加のもとに新しい町づくりをどう進めていくか真価が問われることになる。

参考文献

本文中にロストウ・ベル・ドラッカーの代表的な著作の要点を紹介したが、その原著、邦訳は以下の通りである。

W. W. ロストウ（木村健康他訳）『経済成長の諸段階』ダイヤモンド社　1961年

D. ベル（内田忠夫他訳）『脱工業社会の到来（上，下）』ダイヤモンド社　1975年

P. F. ドラッカー（上田惇生他訳）『ポスト資本主義社会』ダイヤモンド社　1993年

労働市場の規制改革（法改正）に伴う問題点を企業例だけでなく労働側からも見据えて整理したものとして

八代尚宏『雇用改革の時代——働き方はどう変わるか（中公新書）中央公論新社　1999年

企業の社会的責任について経営倫理の視点より論じたものとして

水谷雅一『経営倫理学のすすめ』（丸善ライブラリー）丸善　1998年

環境問題を社会学的視点より体系的に論じたものとしては，

飯島伸子編『環境社会学』有斐閣　1993年

企業の社会的貢献，NPOについては，

本間正明編『フィランソロピーの社会経済学』東洋経済新報社　1993年

電通総研編『民間非営利組織NPOとは何か』日本経済新聞社　1996年

コーポレート・ガバナンスについては，上記水谷雅一の著書でもふれているが，トップマネジメントや経営責任に即して論じたものとして，

吉田春樹『執行委員』（文春新書）文芸春秋　2000年

深尾光洋『コーポレート・ガバナンス入門』（ちくま新書）筑摩書房　1998年

「企業と地域社会」に関する日本での主な研究成果として以下のものがある。

尾高邦雄編『鋳物の町』有斐閣　1956年

日本人文科学会編『近代鉱工業と地域社会の展開』東京大学出版会　1955年

同上『近代産業と地域社会』東京大学出版会　1956年

同上『技術革新の社会的影響』東京大学出版会　1963年

布施鉄治編『地域産業変動と階級，階層——炭都夕張／労働者の生産・労働——生活史・誌』御茶の水書房　1982年

安原茂・島崎稔編『重化学工業都市の構造分析』東京大学出版会　1987年

都丸栄助他『トヨタと地域社会』大月書店　1987年

大企業の下請構造の実態については，

中央大学経済研究所編『中小企業の階層構造——日立製作所下請企業構造の実態分析——』中央大学出版会　1976年

地場産業や伝統産業については，

山崎充『日本の地域産業』ダイヤモンド社　1977年
下平尾勲『現代伝統産業の研究』新評論　1978年
山崎充『地域産業の見直し』中央経済社　1987年

索　引

あ　行

- IT（情報技術） …………………146, 172
- アウトソージング ……………………3
- アベグレン，J. C. ………………71-2
- 家 …………………………………………81
- イエ説 ……………………………………80
- 一般労働組合 …………………………122
- 岩田龍子 ………………………………82
- インフォーマルな人間関係 …………48
- ウェッブ，S. ………………………137
- 馬の背型曲線 …………………………109
- X理論＝Y理論 …………………………58
- ME化 ………………………………………11
- M字型 ……………………………………159
- M字型曲線 ……………………………108
- LPC ………………………………………69
- 縁約の原理 ………………………………87
- 縁辺労働 ………………………………159
- 『オーガニゼーション・マン』……165
- 欧米型個人主義 ………………………83

か　行

- 介護による離・転職 …………………160
- 会社人間 ……………………6, 37, 166
- 階層短縮化の原則 ……………………29
- 過剰同調 …………………………………36
- 株式の相互持合 ………………………75
- カルテル …………………………………43
- 感情―情緒構造 ………………………51
- 官僚制組織 ………………………………34
- 管理範囲の原則 ………………………29
- 外的環境 …………………………………22
- 外的報酬 …………………………………53
- ガルブレイス，J. K. ………………136
- 企業業績への従業員参加 …………127
- 企業グループ …………………………45
- 企業公害 ………………………………177
- 企業戦士 …………………………………37
- 企業内熟練形成 ………………………92
- 企業のグループ化 ……………………46
- 企業別（労働）組合 …………129-131
- 企業倫理 …………………………181-183
- 機能主義的アプローチ ………………85
- 規範システム ……………………………55
- 規範的雇用 ……………………………153
- キャリアの形成 ………………………16
- 協働関係の体系 ………………………23
- 共同生活体 ………………………………85
- クローズドショップ …………………121
- 訓練された無能力 ……………………36
- グローバルスタンダード …………174
- 経営家族主義 ……………………80, 129
- 経営協議会 ……………………………125
- 経営参加 ………………………………125
- 経営戦略 …………………………………23
- 経営理念 ………………………………183
- 経済民主主義 …………………………127
- 系列化 ……………………………………46
- 権威 ………………………………………65
- 権限 ………………………………………65
- ――委譲の原則 …………………31
- ――受容説 ………………………66
- ――＝責任対応の原則 …………30
- 現場主義 …………………………………92
- コース別人事管理 ………………110, 113
- コーポレート・ガバナンス
　　　　　　　　　　……93, 177, 181
- コール，G. H. D. ……………………137
- 小泉幸之輔 ……………………………120
- 公共 ………………………………………9
- 貢献意欲 …………………………………26
- 高度専門活用型グループ …………154
- 古典的な組織（論）モデル ……32, 37
- コミュニケーション構造 ……………50
- 雇用機会均等法 ………………………110
- 雇用柔軟型グループ …………………154

コンツェルン ………………………………43
コンティンジェンシー・セオリー ………41
コンティンジェント………………………157
　――・ワーカー………………………155-159
合理的モデル ………………………………34

さ　行

サービス…………………………………144-149
裁量労働時間制……………………………116
堺屋太一……………………………………147
3 C……………………………………………170
産業別(労働)組合………………………122,131
産業民主主義……………………………126,139
産業民主制論………………………………137
3種の神器………………………………72,170
CEO…………………………………………182
仕事……………………………………………11
　――意識………………………………165-6
自然的モデル ………………………………34
執行役員……………………………………182
シュー，F. L. K.………………………………86
就業形態の弾力化…………………………150
就社意識………………………………………17
終身雇用制………………………15-16,88,90,153
　――の神話…………………………………88
修正ネオ・コーポラティズム……………139
集団的労使関係……………………………119
集団の構造化…………………………………48
集団標準(掟)…………………………………38
集団責任………………………………………4
主観的合理性…………………………………39
春闘…………………………………………133
商家……………………………………………80
賞与…………………………………………105
職業…………………………………………164
　――別(労働)組合…………………120-121
職能……………………………………99,101-102
　――給………………………………………99
　――資格制度…………………………99,101-102
職場のインフォーマルな人間関係 ………52
職場の凝集性…………………………………51
職務給…………………………………………98
事業所別組合………………………………130
地場産業……………………………………188
情報化社会…………………………………172

女性労働…………………………………119,159
ステークホルダー…………………………181
成果・業績給………………………………106
生活給賃金体系………………………………97
生活公害……………………………………177
成熟理論(アージリス)………………………59
制約された合理性……………………………39
勢力……………………………………………65
専門化の原則…………………………………30
専門職制度…………………………………100
創発特性………………………………………45
組織……………………………………22-23,25
　――均衡……………………………………26
　――充足性………………………………24-25
　――の定言命令……………………………28
　――有効性………………………………24-25

た　行

対外的機能……………………………………39
大衆消費社会………………………………170
退職金………………………………………106
対内的機能……………………………………39
単身赴任問題………………………………112
大規模小売店舗立地法(大店立地法)
　……………………………………………189
ダグラス＝有沢法則………………………159
脱工業化社会……………………………144,172
男女雇用機会均等法………………………110
団体交渉…………………………………130,132
地位システム…………………………………53
地位＝役割構造………………………………49
『知価革命』…………………………………147
知識社会………………………………144,172-173
長期蓄積能力活用型グループ……………154
調整の原則……………………………………31
賃金体系の安定性………………………96,107
　――の納得性……………………………96,107
賃労働………………………………………119
津田真澂………………………………………85
適職……………………………………………17
転職……………………………………………18
デジタル・エコノミー……………………145
電産型賃金体系………………………………91
伝統産業……………………………………188
特殊訓練仮説…………………………………93

トップダウン……………………77
トラスト……………………………43
ドーリンジャー，B. P.………158
動機づけ………………………55-56
衛生理論……………………………61
ドラッカー，P.…………………144

な 行

ナードン，T. ……………………157
内的環境……………………………22
内的報酬……………………………53
ナショナルセンター…………132
二重労働市場論…………………158
日米企業の経営風土……………74
日経連……………………………154
日本型集団主義…………………83
日本企業の閉鎖性………………93
ネットワーク……………………18
　——化された知性……………146
年間総労働時間………………114
年功昇進……………………………91
年功主義……………………………3
年功制………………………………91
年功賃金制……………………91,97
年功的労使関係………………129
年俸制……………………103-105

は 行

派遣社員……………………………3
間　宏………………………80-81
バーリ=ミーンズ……………141
パートタイマー………………130
パートタイム…………………134
PM理論……………………………67
非営利組織（NPO）……………181
非政府組織（NGO）……………181
ピオーリ，M. J. ………………158
不安定雇用労働者……………153
フィランソロピー……………179
フォーマルな（企業）組織……39,48
フォーム，W. H.………………127
付議事項…………………………131
普遍主義的アプローチ…………79
フュックス，V. R. ……………149
フレックスタイム制…………115

フロー型企業…………………153
フロー型雇用制度…………153,156
文化論的アプローチ………78-79
変形労働時間制………………116
ベル，D.…………………………144
ペティ・クラークの法則……147
ホワイト，W. H.………………165
ホワイトカラー………………149
ボトムアップ……………………77
ポリブカ，A. ……………………157

ま 行

マルクス，K. ……………………120
三戸　公……………………………81
ミラー，D. C. …………………127
民主的・専制的・放任的リーダーシップ…………………………67
ムラ説………………………………82
命令統一・一元化の原則………29
メセナ……………………………179
目標管理的制度………………103
目標の転移…………………………36
モラール（morale）………14,51-52
モラル（moral）…………………14

や 行

役割システム………………………54
欲求…………………………………56
　——優勢度仮説（マズロー）…57

ら 行

リースマン，D. ………………166
リーダーシップ…………………66
リサイクル法…………………177
リストラ（リストラクチャリング）
………………………………1,166
理論的知識………………………145
レイオフ………………………76,90
労使関係…………………………119
労資関係…………………………119
労使協議（制）………124-125,131-132
労使の共同決定………………126
労働…………………………………10
　——協約………………………124
　——組合の組織率低下………134

──市場の階層分化……………154
──時間制………………………117
六大企業 ……………………………45

わ　行

私化……………………………………7

編著者紹介 (執筆順)

*安 藤 喜久雄　前駒沢大学教授(第1,8章)

田草川 僚 一　中部学院大学教授(第2,3章)

小 玉 敏 彦　千葉商科大学教授(第4,5章)

斎 藤 幹 雄　東北福祉大学教授(第6,7章)

(＊は編者)

―――― 企業社会の構図 ――――

2000年5月30日　第一版第一刷発行
2006年4月10日　第一版第三刷発行

編著者　安　藤　喜久雄
発行所　㈱学　文　社
発行者　田　中　千津子

東京都目黒区下目黒3-6-1　〒153-0064
電話03(3715)1501　振替00130-9-98842

落丁・乱丁本は，本社でお取替え致します。
定価は売上カード，カバーに表示してあります。
ISBN4-7620-0974-1　印刷／株式会社亨有堂印刷所